Digitales Lesen

Tolino, Kindle und Co. einfach erklärt

FLORIAN HAAS

Markt+Technik

ISBN 978-3-95982-030-1

Espenpark 1a
90559 Burgthann

Produktmanagement Christian Braun, Burkhardt Lühr
Lektorat, Herstellung Jutta Brunemann
Einbandgestaltung David Haberkamp
Coverfotos © vasabii – Fotolia.com
Satz inpunkt[w]o, Haiger (www.inpunktwo.de)
Druck Media-Print, Paderborn
Printed in Germany

Inhaltsverzeichnis

Einleitung: Ein Regal voller Reader

Wenn meine Freundin an unserem Bücherregal vorbeiläuft, fällt ihr Blick bisweilen auf das einzige Fach, in dem keine Bücher stehen, sondern kleine, in bunte Hüllen verpackte Geräte. Und wenn mal wieder ein neues darunter ist, kommt sie aus dem Kopfschütteln nicht mehr heraus. Denn wer braucht schon mehr als einen Reader … oder wer braucht überhaupt so etwas? Nun, sie besitzt inzwischen ebenfalls einen und benutzt ihn auch mit wachsender Begeisterung. Ich hingegen besitze derzeit 23 verschiedene Geräte … und es werden jedes Jahr mehr!

Foto: Weinert Photography.

Doch das ist nicht etwa ein merkwürdiger Sammlerwahn. Denn seit 2008 der erste Sony Reader mit elektronischer Tinte auf den deutschen Markt kam, berate ich als Buchhändler interessierte Kunden und gebe sowohl technische Unterstützung bei der Bedienung als auch beim Kauf der E-Books, die ja letztendlich der Grund sind, sich ein solches Gerät zuzulegen.

Jedoch steckt auch eine ganz persönliche Leidenschaft dahinter, denn als „professioneller" Leser bin ich davon überzeugt, dass nicht das Medium die Faszination eines Buches ausmacht, sondern die Geschichte selbst. Und auch wenn Bücher aus Papier sich um vieles besser im Regal machen (meine Freundin würde mir hier definitiv beipflichten), bieten die digitalen Lesegeräte doch ein paar ganz entscheidende Vorteile gegenüber dem klassischen Druckerzeugnis. Welche das sind und welche Möglichkeiten das vergleichsweise junge Medium E-Book sowohl für Leser als auch für Autoren bietet, beschreibe ich in diesem Buch.

Dabei möchte ich möglichst wenig auf technische Details eingehen und nicht mit Zahlen um mich werfen. Auch erhebe ich keinen Anspruch auf Vollständigkeit, wenn es um die Marktübersicht von Geräten oder Anbietern geht. Das Internet ist ein wahres Füllhorn an Informationen, und in diesem Zusammenhang empfehle ich Ihnen auch die Seiten www.lesen.net oder allesebook.de als stets aktuelle Wissensquelle rund um das Thema.

Vielmehr möchte ich eine – auf meiner langjährigen Erfahrung als Fachberater basierende – Auswahl an Möglichkeiten und Geräten zeigen und mit Ihnen gemeinsam die Frage klären, ob das digitale Lesen zum jetzigen Zeitpunkt für Sie und Ihre Lesegewohnheiten eine Alternative oder Ergänzung zu Ihrer ständig wachsenden gedruckten Bibliothek darstellt. Und wo Sie mit Ihren Anforderungen und Wünschen am besten aufgehoben sind.

Am Ende jedes Kapitels finden Sie eine Sammlung der Internetadressen, die ich in meinen Ausführungen erwähnt habe.

Sehen Sie dieses Buch wie ein gutes Beratungsgespräch bei Ihrem Buchhändler um die Ecke: offen, kompetent und persönlich. Ein Ziel, das ich mir bei jedem meiner Kundengespräche setze. Ich hoffe, ich erreiche es auch mit diesem Buch. Falls Sie noch Fragen oder Anregungen für die nächste Auflage haben, erreichen Sie mich unter florian.haas@outlook.com.

Nürnberg, November 2015

Internetadressen

www.lesen.net

www.allesebook.de

1. Ist das was für mich? – Die Basis für das digitale Lesen

Das Wichtigste ist natürlich, dass man sich mit dem Gedanken anfreunden kann, Bücher in Zukunft auf einem Display und nicht auf Papier zu lesen. Aber letztendlich entscheidet ja die Geschichte über die Qualität des Lesevergnügens und nicht das Medium, auf dem sie dargestellt wird. Für mich als Buchhändler gibt es natürlich eine klare Präferenz für das gedruckte Buch, gerade bei Autoren, an denen mir etwas liegt und die mit einer schönen gedruckten Ausgabe auch Teil meines heimischen Bücherregals werden sollen. Allerdings bietet das digitale Buch (unabhängig davon, auf welchem Gerät man es liest) trotzdem einige Vorteile gegenüber dem gedruckten Pendant.

Vorteile des digitalen Buches

- **Handlichkeit:** Es steht in vielen deutschen Haushalten im Regal: „Die Säulen der Erde" von Ken Follett. Und es ist ein schönes Beispiel dafür, wie unhandlich ein Taschenbuch bisweilen sein kann. Gerade wenn man ein Buch gern im Bett liest, können die Arme (übrigens unabhängig vom Alter) schnell schwer werden, wenn man einen solchen Wälzer vor den Augen balanciert. Ein Reader oder andere mobile Geräte haben hier definitiv den besseren Form- und Gewichtsfaktor!
- **Platzersparnis:** Mehrere Tausend E-Books lassen sich selbst auf den einfachsten Geräten speichern und jederzeit abrufen.
- **Lesekomfort:** Egal, mit welcher Technik Sie lesen möchten: Die Möglichkeit zur Schriftvergrößerung bieten alle digitalen Lesegeräte. Auch das Nachschlagen oder Übersetzen einzelner Wörter ist gerade bei fremdsprachiger Literatur ein echter Mehrwert. Die meisten Geräte bieten daher die Möglichkeit, einen Begriff

direkt aus dem Buch heraus im Internet oder in einem Wörterbuch zu recherchieren.

- **Verfügbarkeit:** Ein gutes Buch ist meistens schneller durchgelesen, als es Ihnen lieb sein kann. Gerade dann, wenn Sie keine geöffnete Buchhandlung in der Nähe haben. Ein digitales Lesegerät kann dank Internetanbindung und gegebenenfalls integriertem E-Book-Shop sofort für Nachschub sorgen. Darüber hinaus lässt sich ein gekauftes Buch immer auf mehreren Geräten gleichzeitig lesen.
- **Kosten:** Auch wenn sich die Preise für E-Books immer noch auf einem recht hohen Niveau bewegen, sparen Sie gegenüber der gedruckten Ausgabe meistens zwischen 20 und 30 Prozent. Das rechnet sich vor allem für Vielleser.

Nachteile des E-Books

- **Stromversorgung:** Ein geladener Akku ist die Grundvoraussetzung für das digitale Lesen. Auch wenn Geräte mit elektronischer Tinte eine hohe Ausdauer besitzen, der Strom geht immer an der spannendsten Stelle zur Neige. Ein Ladegerät ist also auch im Urlaub ein wichtiges Zubehör.
- **Displaygröße:** Die meisten Reader verfügen über ein 6 Zoll großes Display, das entspricht einer Bildschirmdiagonale von etwa 15 Zentimetern. Die Seite eines normalen Taschenbuches hat etwa 20 Zentimeter Diagonale, Sie müssen also mehr „blättern" als beim gedruckten Buch. Eine Ausnahme hierbei sind natürlich die größeren Tablets, aber aufgrund ihrer Unhandlichkeit eignen sie sich nur bedingt als Lesegeräte.
- **Verfügbarkeit:** Zum jetzigen Zeitpunkt sind annähernd 100 Prozent der aktuellen Bestsellerlisten und Neuheiten im belletristischen Bereich (Romane, Krimis etc.) als E-Book verfügbar. Trotz-

dem verlegen gerade einmal 65 Prozent aller deutschsprachigen Verlage überhaupt E-Books. Und von deren Gesamtprogramm sind gerade einmal 36 Prozent aller Veröffentlichungen als E-Book verfügbar. Man sollte sich also im Vorfeld genau erkundigen, ob die gewünschte Art von Publikation überhaupt digital verfügbar ist. Ein E-Book lässt sich außerdem zum jetzigen Zeitpunkt weder verleihen noch wiederverkaufen.

- **Kosten:** Der Kauf eines E-Books setzt den Besitz oder die Anschaffung von Geräten voraus, die solche Dateien anzeigen können. Zwar wächst die Verbreitung von Smartphones und Tablets immer noch rasant, für den höchsten Lesekomfort sollten Sie sich allerdings einen E-Ink-Reader mit integrierter Beleuchtung zulegen. Diese liegen je nach Angebot und Anbieter preislich zwischen 90 und 200 Euro (siehe Kapitel 5 zu den verschiedenen Lesegeräten).

Technische Voraussetzungen

Wenn ich interessierten Kunden etwas über das digitale Lesen erkläre, stoße ich angesichts der technischen Natur des neuen Mediums schnell auf Skepsis. Doch wenn Sie die vielen Vorteile von E-Books nutzen möchten, ist ein gewisses Maß an Verständnis für die Hintergründe genauso wichtig wie die generelle Bereitschaft, sich mit einigen Vorgaben auseinanderzusetzen und sie zu erfüllen.

Internetanschluss (am besten WLAN)

E-Books werden beinahe ausschließlich als Download über das Internet vertrieben. Zwar gibt es auch einige Ansätze, die das Aufspielen auf einen Reader in einer Buchhandlung ermöglichen, aber auch dort werden die Dateien erst aus dem Netz heruntergeladen und dann auf das Gerät gespielt. Entsprechend ist die Verfügbarkeit eines Internetanschlusses entscheidend! Da so gut wie alle Endgeräte inzwischen über WLAN verfügen, ist ein drahtloser Zugang ins Internet die komfortabelste Möglichkeit, an neue E-Books zu gelangen.

Übrigens: Wenn Sie bereits ein aktuelles Smartphone besitzen (egal ob Apple, Android oder Windows), haben Sie auch alle Möglichkeiten an der Hand, sich unterwegs ohne WLAN neue Bücher kaufen und herunterladen zu können. Denn über die Funktion *WLAN-Hotspot* können Sie die Internetverbindung Ihres Smartphones an alle anderen Geräte in Ihrem Besitz weitergeben, die per WLAN eine Verbindung ins Netz herstellen. Dabei gilt es nur zu beachten, dass das Datenvolumen Ihres Vertrags für den Umfang der Daten ausreicht, die Sie laden möchten.

E-Mail-Adresse

Der Kauf von E-Books geschieht immer über ein Benutzerkonto beim jeweiligen Anbieter. Als Benutzername dient hier zumeist die E-Mail-Adresse. Manchmal können Sie sich auch einen frei wählbaren Benutzernamen aussuchen, dann ist aber die Aktivierung des Kontos via E-Mail die Voraussetzung. Eine „digitale Identität" ist also in jedem Fall die Basis für den Kauf oder die Onleihe von E-Books. Eine persönliche E-Mail-Adresse können Sie sich etwa bei WEB.DE oder GMX kostenlos einrichten. Eine gültige Postanschrift muss ebenfalls hinterlegt werden.

Internetadressen

www.web.de

www.gmx.de

USB-Ladegerät

Noch vor wenigen Jahren hat jeder Gerätehersteller seine Produkte mit einem eigenen Stromanschluss ausgestattet. Entsprechend konnte man mit diesen sogenannten proprietären Anschlüssen immer nur ein bestimmtes Gerät laden. Heute ist dank einer EU-Initiative zumindest in Europa der USB-2.0-Anschluss Standard für Geräte wie Smartphones, Digitalkameras, Tablets und Reader geworden. Sollten Sie sich also einen Reader gekauft haben, dem nur ein USB-Datenkabel, aber kein Netzteil für die Steckdose beilag, können Sie Ihre eventuell bereits vorhandenen USB-Netzteile zum Laden verwenden.

Netzteil aus dem Fachhandel

Sollten Sie sich ein neues Netzteil kaufen, investieren Sie mindestens zehn Euro für ein Gerät aus dem Fachhandel. Günstigere Ladeadapter sind oft qualitativ minderwertig und könnten Ihren teuren Geräten schaden.

Computer (Windows oder Mac)

Auch wenn die meisten Geräte, wie bereits angesprochen, per WLAN selbst mit dem Internet Kontakt aufnehmen können, ist ein Computer wichtig, um alle Möglichkeiten des digitalen Lesens nutzen zu können. Über einen PC oder Mac laden Sie sich neue Bücher herunter, aktualisieren Sie die Software Ihres Gerätes oder können Sie Dateien, die Sie selbst erstellt und in einem lesbaren Format abgespeichert haben, auf Ihr Lesegerät übertragen. Mehr über die Möglichkeiten, die Ihnen die Verwaltung Ihrer E-Books auf dem Computer bietet, erfahren Sie später.

2. Was kann ich digital lesen? – Die Welt der digitalen Werke

Die ersten digitalen E-Books (Kurzform für engl. *electronic books*, also „elektronische Bücher“) gab es bereits in den 1990er Jahren. Mit der Erfindung des PDF-Formats (**P**ortable **D**ocument **F**ormat) der Firma Adobe wurde 1993 der technologische Grundstein für digitale Bücher gelegt. Denn erstmals gab es damit die Möglichkeit, ein Dokument auf allen Betriebssystemen und auf allen Bildschirmen in der gleichen Art abzubilden.

Waren die ersten Werke dieser Art noch nicht viel mehr als leicht formatierter Fließtext, fanden bald auch Illustrationen und Fotos den Weg in die immer größer und komplexer werdenden Dateien. Mit der rasant wachsenden Verbreitung des Internets ab Mitte der 1990er Jahre wurde es für viele Firmen und Verlage sowohl günstiger als auch einfacher, Dokumentationen und Leitfäden als PDF-Datei zu erstellen und zu versenden. Auch einige Verlage von Fachbüchern aus dem IT-Bereich und dem Ingenieurswesen begannen damit, ihren gedruckten Büchern den Titel auch in elektronischer Form auf CD-ROM beizulegen. Das „digitale Bundle“ war geboren.

Es war auch die Zeit, in der der Begriff des „papierlosen Büros“ als Zukunftsvision durch die Großraumbüros dieser Welt geisterte. Eine Vision, die sich bis heute nicht eingestellt hat. Der Gang zum Drucker oder Kopierer gehört für die meisten von uns immer noch zur täglichen Routine. Denn trotz interaktiver Tablets und digitaler Lesegeräte wird der professionellste und einfachste Umgang mit einem Dokument immer noch durch einen Stift und einen Textmarker realisiert.

So führten die digitalen Bücher lange ein Schattendasein. Denn um sie lesen zu können, war man auf den heimischen Computer angewiesen. Die immer leichteren und leistungsfähigeren Notebooks versprachen eine neue Mobilität, aber auch sie waren immer noch schwerer und komplizierter zu bedienen als jedes noch so unhandliche gedruckte Buch. Bis vor etwa zehn Jahren handelte es sich bei so gut wie jedem digitalen Buch um ein Fachbuch aus dem im weitesten Sinne technischen Bereich.

Mit der Einführung des EPUB-Formats (*electronic publication*) entstand ab 1999 ein ganz neues Dateiformat, das im Gegensatz zum PDF-Format dazu fähig war, sich an die jeweilige Bildschirmgröße anzupassen, je nachdem, auf welchem Gerät es gelesen wurde. Anfangs noch dafür konzipiert, auf den immer kompakter werdenden Notebooks gelesen zu werden, bildete es später die Basis für eine ganz neue Geräteklasse, die etwa ab 2004 auf dem Markt auftauchte: die Reader.

Waren die ersten Geräte noch mit sehr kontrastarmen und stromfressenden LCD-Bildschirmen ausgestattet, brachte Sony nach einigen Geräten, die nur in Asien erschienen, 2007 seinen ersten Reader mit E-Ink-Display auf den Weltmarkt.

E-Ink und LCD: die Display-Technik der Reader

Es gibt ganz grundlegend zwei Techniken, mit denen Bildschirme für digitale Lesegeräte ausgestattet sind. Sie sind entweder in Readern, Smartphones oder Tablets verbaut und haben – je nach den individuellen Ansprüchen – bestimmte Vor- und Nachteile.

LCD

Unter LCD (**L**iquid **C**rystal **D**isplay = „Flüssigkristalldisplay") versteht man die am weitesten verbreitete Technik für Flachbildschirme, wie man sie in Fernsehern, Smartphones und Tablets findet. Ihr großer Vorteil ist, dass sie in den unterschiedlichsten Größen sehr günstig produziert werden können und sehr hohe Auflösungen auch bei kleinen Geräten ermöglichen. Außerdem ist ihre Farbdarstellung hervorragend und sie schalten sehr schnell, das heißt, es kann damit im Internet gesurft werden, Fotos oder Videos kommen voll zur Geltung.

Ein Nachteil ist gerade für den Einsatz als digitales Lesegerät der hohe Stromverbrauch der Displays, vor allem wegen der Hintergrundbeleuchtung, die konstant aktiviert sein muss, damit man den Inhalt des Bildschirms erkennt. Entsprechend sieht man bei direkter Sonneneinstrahlung auf vielen dieser Displays kaum mehr etwas.

LCD-Bildschirme stellen außerdem genau wie die alte Röhrentechnik mittels der sogenannten Bildwiederholungsrate das Bild mithilfe eines konstanten, hochfrequenten Flimmerns dar. Das Flimmern ist zu schnell, um von unseren Augen bewusst wahrgenommen zu werden. Aber wenn Ihnen nach einem langen Arbeitstag nach stundenlangem Blicken auf den Monitor die Augen brennen, kennen Sie die Folgen dieses Flackerns trotzdem sehr gut.

Auch sind LCD-Bildschirme nicht besonders blickwinkelstabil. Das kennen Sie ebenfalls vom heimischen Flachbildschirm, dessen Kontrast sehr stark abnimmt, wenn man das Bild von der Seite betrachtet. Es wirkt farblos und flau. Die IPS-Technik wirkt diesem schlechten Kontrastverhältnis entgegen, aber auch hier ist die Darstellung nicht optimal. Die OLED-Technik ist eine Weiterentwicklung, die speziell den Kontrast von LCD-Bildschirmen um einiges erhöht und so die Lesbarkeit von Text stark verbessert. Allerdings verbraucht auch sie sehr viel Strom.

E-Ink

E-Ink (engl. *electronic ink* = „elektronische Tinte") ist sowohl Sammelbegriff als auch Markenname für eine Technik, die heute in den meisten modernen Readern eingesetzt wird. Es handelt sich auch hier um einen Flüssigkristallbildschirm genau wie bei der LCD-Technik. Der Hauptunterschied liegt allerdings darin, dass bei LCD für den Bildaufbau eine konstante Spannung nötig ist, um den Inhalt darzustellen. E-Ink-Kristalle bleiben nach dem Bildaufbau in genau dem Zustand, bis die nächste Spannung angelegt wird.

Das lässt sich ungefähr vergleichen mit einer Magnettafel für Kinder, die ihren Inhalt erst wieder verliert, wenn das Bild über den Schieber unter dem „Display" zurückgesetzt wird. Der große Vorteil dieser Technik besteht darin, dass nur dann Spannung gebraucht wird, wenn man eine Seite weiterblättert.

Dadurch sind Akkulaufzeiten von mehreren Wochen möglich. Da die Technik passiv ist, also keine aktive Hintergrundbeleuchtung benötigt, um den Inhalt lesbar zu machen, fällt auch die hohe Akkubelastung hierfür weg.

Die Lesbarkeit von E-Ink-Displays ist inzwischen sehr stark vergleichbar mit der einer gedruckten Seite. Mit jeder neuen Generation (die aktuelle Ausbaustufe nennt sich E-Ink Carta) wird der Schwarz-Weiß-Kontrast, der die Darstellung von schwarzer Schrift auf weißem Grund bezeichnet, noch ein wenig besser, auch die Auflösung der Displays und damit die Schärfe des Bildes wird ständig verfeinert.

Die Lesbarkeit in der Sonne ist dank der passiven Eigenschaften des Displays mit denen eines Buches vergleichbar. Je mehr Licht von außen auf das Display fällt, desto besser lässt sich der Inhalt lesen.

Bei früheren Geräten war das ein Problem, denn ohne eine Lichtquelle, die von außen auf das Display trifft, konnte man nichts mehr erkennen. Es wurde stattdessen mit anklemmbaren Lampen oder mit einer in die Reader-Hüllen integrierten Beleuchtung gearbeitet.

Inzwischen haben aber außer einigen Geräten im Billigpreissegment alle aktuellen Reader ein sogenanntes Frontlight eingebaut, also eine meist zweiteilige LED-Leiste, die über dem Display angebracht ist und so auch blendfreies Lesen bei Nacht bzw. im Dunkeln ermöglicht.

Der größte Nachteil der elektronischen Tinte ist ihre Beschränkung auf die schwarz-weiße Darstellung. So werden Abbildungen in Büchern zwar korrekt, aber nur in Graustufen dargestellt. Außerdem schaltet E-Ink sehr viel langsamer als ein herkömmlicher LCD-Bildschirm.

Ein schneller Bildaufbau wie beim Scrollen einer Internetseite oder der Darstellung eines Videos ist damit nicht möglich. Geräte mit dieser Technik sind derzeit also fast ausschließlich als Reader verwendbar, sie bieten nicht die Multimedia-Fertigkeiten eines Smartphones oder Tablets.

Empfehlung

Welche Technik nun die richtige für Sie ist, hängt von Ihrem individuellen Anspruch an das Gerät ab, das Sie kaufen möchten. Wenn das blend- und ermüdungsfreie Lesen im Vordergrund steht, sollten Sie sich einen Reader mit elektronischer Tinte zulegen.

Wenn Sie lieber ein einziges Gerät für alle Multimedia-Anwendungen einsetzen möchten und mit den Einschränkungen bei der Lesbarkeit und der Akkulaufzeit leben können, ist ein Gerät mit einem LCD-Bildschirm (am besten in der IPS- oder OLED-Variante) die bessere Wahl.

E-Books und E-Paper: die Inhalte und ihre Formate

Digitale Inhalte sind heute in vielen Formen und Formaten verfügbar. Grundsätzlich lässt sich zwischen zwei Arten unterscheiden.

E-Books

Für E-Books hat sich das EPUB-Format auf den meisten internationalen Märkten als Standard durchgesetzt. Es basiert auf der gleichen Technik, die es einer Internetseite erlaubt, bei allen möglichen Bildschirmgrößen und verschiedenen Auflösungen annähernd gleich auszusehen, dem XML-Format. Einzig Amazon arbeitet mit einem Dateiformat auf der Grundlage des MOBI-Formats, einer Eigenkreation des Konzerns, die aber ebenfalls auf XML basiert.

Die PDF-Datei ist trotz ihrer fehlenden Flexibilität, was die Darstellung angeht, immer noch ein weitverbreitetes Format, gerade bei Publikationen aus dem technischen Bereich. Auch heute erscheinen einige Bücher sowohl im modernen EPUB- als auch im älteren PDF-Format.

Im russischen Sprachraum ist das FictionBook-Format (FB2) am weitesten verbreitet. Wer also darauf angewiesen ist, möglichst viele verschiedene Formate auf seinem Reader wiedergeben zu können, sollte sich im Vorfeld genau darüber informieren, welches Gerät mit welchem Dateiformat umgehen kann.

E-Paper

Die meisten der großen Tageszeitungen und auch viele regelmäßig erscheinende Magazine bieten neben ihrer Printausgabe eine digitale Edition ihrer Publikationen als E-Paper an. Dabei versuchen die meisten Verlage, ihre Werke in möglichst vielen Formaten anzubieten, um ihre Kunden und deren bevorzugte Lesegeräte umfassend bedienen zu können.

So steht beispielsweise die FAZ sowohl als PDF-Datei wie auch innerhalb von Apps für die meisten mobilen Betriebssysteme als angepasste Version zur Verfügung. E-Paper sind ähnlich wie ihre gedruckten Pendants einzeln oder im Abo erhältlich. Je nachdem, für welches Format man sich entscheidet, sind E-Paper auch mit Fotos, Abbildungen und Links versehen.

Am besten sind diese Dateien mit einem Tablet lesbar, hier hat man die Vorteile der Touchscreen-Bedienung kombiniert mit der farbigen Darstellung sowie interaktiven Elementen wie Videos oder Internetverweisen. Die E-Paper großer Magazine wie Stern, FOCUS oder DER SPIEGEL werben explizit mit der Interaktivität ihrer digitalen Editionen.

Probeabo

Die meisten Zeitungen und Magazine bieten vergünstigte Probeabos an, mit denen Sie 30 Tage lang die digitale Ausgabe testen können.

Übrigens: Ein E-Zine bezeichnet nicht etwa die digitale Form eines dieser Magazine. Unter diesem Begriff versteht man Internetportale, die ähnlich professionell wie ein Druckerzeugnis aufgebaut und gestaltet sind, aber ausschließlich online gelesen werden können. Eines der weltweit bekanntesten E-Zines ist die Huffington Post.

Internetadressen

https://abo.faz.net/

http://abo.spiegel.de/de/c/digitale-angebote

http://www.huffingtonpost.de/

3. Womit kann ich lesen? – Das richtige Gerät finden

Sie wissen es vielleicht noch gar nicht, aber wahrscheinlich besitzen Sie bereits ein Gerät, mit dem Sie digitale Bücher lesen können. Denn rein statistisch gesehen befindet sich in weit über 60 Prozent aller Haushalte in Deutschland bereits ein Smartphone oder ein Tablet, oft sogar beides.

Und auch Desktop-Computer und Notebooks sind in bestimmten Situationen gut zum Lesen geeignet. Die Anschaffung eines Readers empfiehlt sich deswegen zwar in den meisten, aber nicht in allen Fällen. Denn jedes System hat seine ganz eigenen Vor- und Nachteile als Lesegerät.

Der Computer

Bevor es mobile Geräte gab, wurden fast alle E-Books mithilfe von Heimcomputern gelesen. Das war wegen der kleinen, schlecht auflösenden Bildschirme und des allgegenwärtigen Flimmerns der Röhrengeräte bis Anfang der 90er Jahre des letzten Jahrhunderts eine ziemlich anstrengende Angelegenheit.

Heute sind Computer dank der Flachbildschirmtechnik mobil, die Displays hochauflösend und das Flimmern wurde so weit reduziert, dass wir es nicht mehr bewusst wahrnehmen.

Mithilfe kostenlos erhältlicher Programme wie dem Adobe Reader oder Adobe Digital Editions lassen sich E-Books in sehr guter Qualität darstellen, auf Geräten mit Touchscreen ist die Bedienung intuitiv per Wischgesten möglich.

Aufgrund der Maße und auch des Gewichts sind Computer jedoch nur in bestimmten Situationen als Lesegerät geeignet, etwa um eine grafisch anspruchsvolle Dokumentation korrekt darzustellen oder um eine selbst geschriebene Datei mit einem Textverarbeitungsprogramm zu verändern. Für das entspannte Lesen in der Freizeit gibt es bessere Alternativen.

Apps für Smartphone und Tablet

Ob iOS, Android oder Windows: Für alle mobilen Betriebssysteme bieten die verschiedensten Anbieter kleine Programme, sogenannte Apps an, mit denen Bücher gelesen und zumeist auch gekauft werden können. Auswahl und Konzepte unterscheiden sich hier teilweise sehr stark, darauf werde ich in Kapitel 4 noch ausführlich eingehen.

Entscheidend ist, dass das Lesen von E-Books trotz der bereits im letzten Kapitel angesprochenen Nachteile der LCD-Technik sehr komfortabel möglich ist. Gerade Smartphones eignen sich hervorragend für den spontanen Einsatz als Lesegerät, da sie meistens zur Hand sind und durch ihre hochauflösenden Displays ein scharfes Schriftbild bieten.

Einschränkungen müssen Sie lediglich bei der begrenzten Akkulaufzeit und der kleinen Displaygröße hinnehmen, die häufiges Blättern bzw. Wischen nötig macht. Tablets werden in Zeiten von immer größer werdenden Smartphones mit 6 Zoll großem Display und mehr immer seltener unterwegs genutzt, sind als Reader für zu Hause aber sehr gut geeignet.

Reader

Reader, also dedizierte Lesegeräte, erfüllen nur einen Zweck: die Darstellung von E-Books. Sie sind im Gegensatz zu Computer, Smartphones und Tablets ausschließlich für diesen Einsatz konzipiert und bieten neben sinnvollen Zusatzfunktionen keine weiteren Anwendungsmöglichkeiten.

So gut wie alle Reader auf dem Markt sind mit E-Ink-Displays ausgestattet und ermöglichen so eine Darstellung, die gedruckter Schrift sehr nahekommt. Sie eignen sich in erster Linie für das Lesen von Romanen und Sachbüchern und sind aufgrund der langen Akkulaufzeit und der ausgezeichneten Darstellung auch bei direktem Sonnenlicht für Urlaub und Freizeit bestens geeignet.

Komplexe Dokumente mit vielen Formatierungen und Bildern werden aufgrund der geringen Größe und der langsam reagierenden Schwarz-Weiß-Wiedergabe nicht optimal wiedergegeben. Auch das Lesen von E-Papern ist nur mit speziell für Reader angepassten Formaten sinnvoll.

Grundsätzlich gilt: Je komplexer die Datei ist, desto weniger eignet sich ein Reader für die Darstellung. Die Speicherkapazität der Geräte liegt meist bei etwa 2–3 GByte, was für bis zu 4.000 E-Books ausreicht. Bei einigen Herstellern können Sie den Speicher mit microSD-Karten sogar noch erweitern. Damit eignen sich Reader besonders gut für Vielleser von Unterhaltungsliteratur.

4. Was unterscheidet die Anbieter? – E-Books zum Kaufen, Leihen oder als Flatrate

Es gibt viele Möglichkeiten, an digitale Literatur zu gelangen. Sie können sich ein E-Book kaufen, es leihen oder – quasi als eine Mischform von beidem – für einen festen Preis im Monat unbegrenzt viele Bücher lesen. Da es sich jedoch um ein physisch nicht vorhandenes Medium, sondern um eine Datei handelt, bietet das digitale Buch mit der Art, wie es seinen Weg zum Leser findet, einige wichtige Unterschiede zu seinem gedruckten Pendant. Im Folgenden erfahren Sie alles über die wichtigsten und größten Anbieter digitaler Bücher und was sie im Hinblick auf das Angebot sowie die technischen Möglichkeiten unterscheidet.

Die Buchhandlung um die Ecke

buchhandel.de

„Wo haben Sie denn Ihre E-Books?“ Diese Frage hören Buchhändler in ihren Läden fast jeden Tag, denn das Interesse an dem neuen Medium ist riesig. Doch tatsächlich sichtbar sind für den Kunden in den Regalen nur die Reader, die E-Books selbst können in ihrer Eigenschaft als Datei nur schwer dargestellt werden. Doch ständig gibt es neue Ansätze, die es dem Kunden ermöglichen, nicht nur das Lesegerät, sondern auch das dazugehörige Buch direkt in der Buchhandlung auszusuchen, zu bezahlen und drahtlos auf das Buch übertragen zu bekommen. Bis sich hier ein Konzept durchgesetzt hat, setzen die lokalen Händler auf die Zusammenarbeit mit einem Internetdienstleister, der den Kunden die Bücher online zum Kauf anbietet.

Es haben sich im Laufe der Zeit drei Anbieter für Buchhandlungen herauskristallisiert, zwischen denen Ihr Buchhändler wählen und damit auch die entsprechenden Geräte anbieten kann: Libri, KNV und Umbreit. Hierbei handelt es sich um die gleichen Großhändler, die schon seit Jahren dafür sorgen, dass ein bestelltes Buch innerhalb von 24 Stunden für Sie zu Ihrem Buchhändler geliefert wird. Händler, die sich für Libri als Partner für den eigenen E-Book-Shop entschieden haben, bieten die Tolino Reader an. Buchhandlungen mit KNV oder Umbreit als Partner bieten die PocketBook-Geräte an.

Fragen Sie am besten Ihren Buchhändler, über welche Quellen er seine E-Books bezieht und wie gut sich das Personal mit dem Thema auskennt. So haben Sie auch einen kompetenten Ansprechpartner vor Ort, der Ihnen bei eventuellen Problemen mit dem Gerät und/oder den gekauften E-Books helfen kann. Auf die verschiedenen Geräte und die angeschlossenen Shops gehe ich in Kapitel 5 ausführlich ein.

Ein Tipp: Kaufen Sie keine Reader beim Kaffeeröster oder Elektronik-Discounter – und mag das Angebot auch noch so verlockend sein. Dort sind diese Geräte nur einer von vielen Artikeln, und Sie erhalten dort weder die technische Unterstützung noch die kompetente Beratung, die Sie von Ihrem Buchhändler gewohnt sind. Ein paar mehr Euro auszugeben und dafür Service aus einer Hand zu bekommen, lohnt sich in jedem Fall.

Internetadressen

www.buchhandel.de

www.libri.de

www.knv.de

www.umbreit.de

Tolino

Als Gegenentwurf zu Amazons deutschem E-Book-Shop haben sich die großen Buch-Filialisten zusammengetan und bringen gemeinsam unter der Marke „Tolino" seit 2013 einen eigenen Reader auf den Markt, der optimal auf die jeweiligen Onlineshops und deren Angebot an digitaler Literatur abgestimmt ist (zum Tolino Shine und seinen Nachfolgern erfahren Sie mehr in Kapitel 5).

Tolino-Partner

Unter der Marke Tolino firmiert seit 2012 das gemeinsame E-Reading-Angebot der folgenden Partner: Thalia, Hugendubel, Weltbild, Bertelsmann, OTTO Media, Libri (seit 2014), Mayersche Buchhandlung (seit 2015), Osiander (seit 2015). Die Tolino Reader und Tablets werden von Longshine und TrekStore im Auftrag der Telekom produziert.

Produziert werden die Tolino Reader von der Deutschen Telekom, deren eigener E-Book-Shop namens Pageplace aber inzwischen aufgelöst wurde. Heute konzentriert sich das Unternehmen auf seine Rolle als Hardwarepartner und Dienstleister für die Tolino-Geräte und die Apps, die es für Android und iOS gibt.

Welchen Shop Sie auf Ihrem Tolino bzw. in Ihrer Tolino-App verwenden, hängt vom Händler ab, bei dem Sie das Gerät kaufen bzw. von dem Sie die Tolino-App herunterladen. Inhaltlich unterscheiden sich die E-Book-Shops der jeweiligen Filialisten nur wenig.

Dank des offenen Konzeptes können Sie mit einem Tolino Reader oder Tablet auch E-Books bei anderen Anbietern kaufen. Sie sind also nicht auf die Auswahl des vorinstallierten bzw. ausgewählten Shops angewiesen. Handelt es sich bei dem gewünschten Shop um ein Mitglied im Tolino-Verbund, werden die dort gekauften Bücher über die Cloud automatisch auf das Gerät bzw. die App übertragen.

Auch ausgeliehene E-Books, die Sie sich über die lokale Bibliothek via onleihe.de aussuchen, können mit den Tolino-Geräten und -Apps gelesen werden.

Die Tolino-Partner bieten in ihren Shops den Großteil aller im deutschsprachigen Raum erhältlichen E-Books zum Kauf an, die Geräte Tolino Shine und Tolino Vision waren bzw. sind gemeinsam mit dem Kindle regelmäßig Testsieger bei Stiftung Warentest. Lediglich bei ausländischen Werken ist die Titelauswahl nicht so hoch wie bei manch anderem Mitbewerber.

Unter der Marke „Tolino media" ist seit 2015 auch eine eigene Self-Publishing-Plattform online. Die dort erscheinenden E-Books werden exklusiv über die Onlineshops der teilnehmenden Partner angeboten.

Da es sich hier um einen Zusammenschluss von Buchhandlungen handelt, kann man Bücher nur kaufen. Dafür ist es allerdings möglich, E-Books auch auf den Computer zu übertragen und auf anderen Endgeräten zu lesen. Sie kaufen rein rechtlich zwar nur ein Nutzungsrecht, haben aber die Möglichkeit, eine auch zukünftig unabhängig vom Shop und Gerät lesbare Kopie auf einem Datenträger Ihrer Wahl zu sichern.

Internetadressen

www.tolino.de
www.thalia.de
www.hugendubel.de
www.mayersche.de
www.osiander.de
www.derclub.de
www.weltbild.de
www.libri.de
www.buchhandlung.de/karte/

Kindle (Amazon)

Der amerikanische Onlineversandhändler Amazon ist mit seinem deutschen Ableger knapp hinter dem Tolino-Verbund der zweitgrößte Anbieter von elektronischen Büchern und Geräten im deutschsprachigen Raum. Unter der Marke „Kindle" vertreibt die Firma hochwertige Reader und Tablets. Zu den Geräten später mehr.

Der vorinstallierte Kindle-Shop bietet in etwa die gleiche Auswahl wie die Shops des Buchhandels, trumpft allerdings bei der Auswahl an ausländischen – vor allem englischen – Titeln mächtig auf. Auch gibt es immer mehr E-Books, die nur exklusiv von Amazon vertrieben werden.

Die einfache Bedienbarkeit der Reader, die vorkonfiguriert an den Kunden geliefert werden, und die große Auswahl an Titeln sprechen für das Angebot von Amazon. Auch eine Buchflatrate ist unter dem

Namen „Kindle Unlimited" verfügbar, derzeit sind allerdings fast ausschließlich englischsprachige oder eigenproduzierte Titel verfügbar.

Es gibt bei Amazons E-Reading-Angebot ein paar wesentliche Einschränkungen, über die Sie sich als Kunde klar sein müssen. Kindle ist ein sogenanntes Closed-Shop-System. Das bedeutet: Wer bei Amazon E-Books kaufen will, braucht einen Kindle bzw. die Kindle-App. Und wer einen Kindle bzw. die App nutzt, kann nur bei Amazon kaufen! Es ist also weder möglich, das Onleihe-Angebot der lokalen Bibliothek zu nutzen, noch bei einem anderen Anbieter als Amazon E-Books zu kaufen, um sie anschließend auf einem Kindle zu lesen. Auch der Import eigener Dateien, der sich bei anderen Readern sehr einfach gestaltet, ist hier nur über einen Umweg über Amazons Webservice möglich.

Darüber hinaus erwerben Sie bei Amazon mit dem Kauf eines E-Books zwar das Nutzungsrecht, aber keine von Kindle unabhängig speicherbare Kopie des E-Books. Sollten Sie sich also zu einem späteren Zeitpunkt dazu entschließen, Ihr Amazon-Konto zu löschen, sind auch Ihre E-Books verloren.

Amazons Angebot ist umfassend und bietet für jede Preisvorstellung das passende Gerät. Die Kindle Reader sind neben den Tolinos schon seit Jahren Testsieger bei Stiftung Warentest. Das E-Book-Sortiment empfiehlt sich vor allem für Nutzer, die viele Bücher auf Englisch lesen und auf einen technischen Vor-Ort-Service verzichten können. Die Einschränkungen bei den Nutzungsrechten und der Shopauswahl gilt es allerdings zu bedenken.

Internetadresse

www.amazon.de

Onleihe

Von jeher ist die günstige Alternative zum Buchkauf das Ausleihen in der lokalen Bibliothek. Diese Möglichkeit gibt es auch bei digitalen Büchern. Von einigen konkurrierenden Anbietern hat sich www.onleihe.de als Partner der Büchereien vor Ort durchgesetzt. Inzwischen sind etwa 2.500 Bibliotheken an dieses System angeschlossen.

Der große Vorteil ist, dass Sie sich für den Ausleihvorgang kein weiteres Konto anlegen müssen. Wenn Sie sowieso schon eine Kundenkarte Ihrer lokalen Leihbücherei haben, können Sie die darauf abgedruckte Kundennummer als Benutzername verwenden, das Passwort ist meistens Ihr Geburtsdatum.

Außerdem ist bei vielen Bibliotheken die Onleihe kostenlos bzw. in der Jahresgebühr enthalten. Für Details hilft man Ihnen vor Ort gern weiter. Es gibt allerdings ein paar wichtige Dinge, die Sie beachten sollten, bevor Sie mit Ihrem Reader oder Tablet mit der Onleihe starten können.

Der richtige Reader

Sie benötigen entweder ein Smartphone oder Tablet, auf dem die Onleihe-App installiert ist. Komfortabler ist natürlich auch hier ein Reader. Das Gerät muss allerdings mit dem Adobe-Kopierschutz kompatibel und mit einer Adobe ID aktiviert sein. Alles über Adobe DRM erfahren Sie in Kapitel 6. Daher scheiden alle Reader der Kindle-Familie von Amazon für die Onleihe komplett aus.

Alle anderen Geräte müssen unbedingt mit der neuesten Firmware, also dem aktuellsten Betriebssystem ausgerüstet sein. Idealerweise sollte der Reader auch über einen integrierten Browser verfügen. Damit ist es dann möglich, die Onleihe-Seite per WLAN direkt auf dem Reader aufzurufen und Bücher ohne Umweg über den PC zu übertragen. Komfortabler zu bedienen, aber auch ein wenig komplizierter ist der Weg über den PC.

Die Verfügbarkeit und die Leihdauer

Geliehene E-Books sind 14 Tage ab dem Ausleihvorgang lesbar. Danach müssen sie nicht wie ihre gedruckten Pendants zurückgegeben werden. Vielmehr „verfallen" die Bücher und sind nach zwei Wochen nicht mehr lesbar.

Eine Verlängerung ist grundsätzlich möglich, allerdings nur, wenn sich in der Zwischenzeit niemand anders das Buch reserviert hat. In diesem Fall müssten Sie warten, bis derjenige das Buch seinerseits ausgelesen hat und Sie erneut eine 14 Tage lesbare Kopie herunterladen können.

Da die Angebote der Bibliotheken gerade bei Bestsellern und Neuheiten sehr begrenzt sind, also meist viel zu wenige Lizenzen für die große Nachfrage zur Verfügung stehen, kann es mitunter mehrere Wochen dauern, bis Sie ein Buch tatsächlich herunterladen können. Je nach Gerät wird Ihnen auf dem Cover des Leihbuches dabei angezeigt, wie viele Tage Ihre Lizenz noch gültig ist.

Der Kopierschutz

Damit das System der zeitgebundenen Lizenzen überhaupt funktionieren kann, braucht es eine zentrale Verwaltung, die überwacht, ob und wie lange ein E-Book gelesen werden darf und wann der Nächste an der Reihe ist. Daher liegt allen Leih-E-Books der Adobe-Kopierschutz zugrunde. Um die Bücher nach der Auswahl auf der Internetseite der Bibliothek auf den Computer herunterladen zu können, brauchen Sie die Freeware Adobe Digital Editions auf Ihrem PC. Mit diesem Programm übertragen Sie anschließend per USB-Kabel die geliehenen Bücher auf Ihren Reader. Mehr zu Digital Editions lesen Sie in Kapitel 6.

Wichtig ist, dass die Bücher nur dann lesbar sind, wenn sie entweder per WLAN direkt über den eingebauten Browser des Readers oder über dieses Programm geladen werden. Eine Übertragung der EPUB-Datei über den Windows-Explorer oder über eine Cloud, wie es zum Beispiel bei den Tolinos oder den PocketBooks möglich ist, führt dazu, dass das Buch auf dem Gerät nicht geöffnet werden kann.

Internetadresse

www.onleihe.de

iBooks (Apple) und Play Books (Google)

Die beiden größten Anbieter von mobilen Betriebssystemen, Apple mit iOS und Google mit Android, integrieren in ihre jeweiligen Systeme eigene Shops, um ihren Kunden neben Apps, Musik und Videos auch digitale Leseinhalte anbieten zu können. Dieser Shop heißt bei Apple iTunes, bei Google Play Store. Um darüber gekaufte Bücher lesen zu können, stehen für das jeweilige System eigene Apps zur Verfügung.

Die Auswahl umfasst in beiden Shops annähernd die gleiche Menge an deutschen Titeln wie in den E-Book-Shops des deutschen Buchhandels.

iBooks (Apple)

Die einfach gestaltete und sehr leicht bedienbare App *iBooks* bietet alles, was man braucht, um auf dem iPhone oder iPad lesen zu können. Die Dateien liegen entweder im iBooks-, PDF- oder zwischenzeitlich auch im EPUB-Format vor. iBooks-Formate können nur innerhalb der App gelesen werden, EPUB- und PDF-Dateien können mithilfe der Software iTunes (für Windows und OS X) auf den Computer übertragen und auf jeden kompatiblen Reader gespielt werden. Die Dateien werden von Apple allerdings nicht mit der Adobe ID, sondern mit einem eigenen Kopierschutz versehen. Es sind also nur DRM-freie Bücher auf einem anderen Reader lesbar.

Play Books (Google)

Play Books bietet ähnlich wie die Konkurrenz von Apple ein minimalistisches Design bei sehr guter Funktionalität. Die im Play Store gekauften Bücher lassen sich auf den Computer herunterladen, indem Sie Google Play im Browser aufrufen, sich mit Ihren Zugangsdaten zum Play Store anmelden und anschließend auf *Meine Bücher* klicken. Dort klicken Sie auf das Menü des gewünschten Buches und haben dann die Möglichkeit, es als EPUB- oder PDF-Datei zu laden.

Da Google auch die Adobe ID unterstützt, können auch damit geschützte Bücher heruntergeladen und mit einem aktivierten Adobe Digital Editions verwaltet werden (siehe Kapitel 6).

Internetadressen

www.itunes.de
play.google.com

E-Book-Flatrates

Sie nannten sich Scribd, Oyster, Kindle Unlimited und wollten nicht weniger, als den Buchmarkt zu revolutionieren: Für einen festen Betrag im Monat, meist zwischen 10 und 20 Euro, so viele Bücher lesen, wie man möchte, und das, solange man will!

Doch aufgrund der Lizenzbestimmungen des deutschen Buchmarktes und gewagter Preiskalkulationen sind diese noch jungen Angebote, was Umfang und Preise angeht, derzeit stark im Wandel. So ist Scribd bisher in Deutschland gar nicht vertreten. Kindle Unlimited bietet den Kunden hierzulande zumeist englische Bücher und die Titel der eigenen Independent-Autoren an. Und Oyster ist bereits wieder vom Markt verschwunden.

Anbieter von Flatrates in anderen Branchen arbeiten im Allgemeinen nach dem Prinzip: günstig einkaufen, den Verkaufspreis anschließend möglichst niedrig kalkulieren und dann unter Berücksichtigung der zu erwartenden Kunden einen monatlichen Durchschnittspreis für das gesamte Angebot bestimmen, mit dem trotzdem noch etwas verdient werden kann. Ob in der Telekommunikationsbranche oder in der Gastronomie: Flatrates sind allgegenwärtig und ein Erfolgsmodell.

Doch mit Blick auf das deutsche Buchpreisbindungsgesetz ergibt sich ein rechtlich diffuser Raum, in den bisher die wenigsten Verlage voll und anbieterübergreifend eingestiegen sind. So haben die Holtzbrinck-Gruppe und Random House Deutschland, zu denen auch die Publikumsverlage Fischer, Droemer Knaur und Rowohlt bzw. Heyne, Blanvalet und Goldmann gehören, mit Skoobe einen eigenen Flatrate-Anbieter am Start.

Bastei Lübbe bietet seine Bücher exklusiv über die Plattform Beam-Books an. Bei verlagsunabhängigen Anbietern wie Kindle Unlimited oder Scribd findet man Bücher dieser Verlage jedoch nur vereinzelt oder gar nicht als Teil des Flatrate-Angebots.

Ein weiterer Nachteil ist, dass bei der Nutzung dieser Angebote die so beliebten Reader zumeist außen vor bleiben. Denn um die Lizenz- und Kopierschutzvorgaben eines Flatrate-Angebots überhaupt erfüllen zu können, ist das Lesen der Bücher nur innerhalb der App des jeweiligen Anbieters möglich. Sie sind also bei der Nutzung einer Leseflatrate auf Smartphone oder Tablet angewiesen.

Zwar gibt es Exoten unter den Readern wie die Geräte der niederländischen Firma Icarus, die die Installation von Android-Apps auf ihren E-Ink-Geräten erlauben, doch Preis und Qualität dieser Systeme können mit der Konkurrenz (noch) nicht mithalten.

Da zum aktuellen Zeitpunkt kein Anbieter mit einem umfassenden und stabilen Angebot zum monatlichen Festpreis existiert und man sich entweder von mehreren Anbietern oder einem Closed-Shop-Konzept wie dem von Amazon abhängig macht, kann ich von Flatrate-Angeboten momentan nur abraten.

Internetadressen

www.oysterbooks.com

www.scribd.com

www.skoobe.de

www.beam-ebooks.de

www.amazon.de/kindleunlimited

Gratisangebote

70 Jahre nach dem Tod eines Autors werden dessen Werke gemeinfrei. Das bedeutet, sofern es keinen offiziellen Rechtsnachfolger wie etwa eine Verwertungsgesellschaft oder eine Erbengemeinschaft gibt, der die Rechte für sich in Anspruch nimmt, kann jeder Verlag solche Werke drucken und auf den Markt bringen. Auf dem deutschen Buchmarkt sind besonders der Reclam-Verlag und die Hamburger Lesehefte bekannt für das Verlegen solcher Klassiker.

In digitaler Form findet man diese Werke etwa auf der Seite des Project Gutenberg, einem E-Book-Archiv, in dem man etwa 50.000 Bücher in verschiedenen Sprachen herunterladen kann. Das Angebot ist vollkommen kostenlos, die Dateien liegen in allen wichtigen Formaten vor. Das ähnlich benannte Projekt Gutenberg-DE konzentriert sich dagegen auf deutschsprachige Werke.

Jenseits dieser sogenannten gemeinfreien Klassiker bieten die meisten E-Book-Shops weitere kostenlose E-Books an. Oft handelt es sich dabei um die ersten Kapitel eines kostenpflichtigen Buches, also um eine Leseprobe. Bisweilen finden sich aber im Rahmen einer Promotion auch ganze Romane neuer und noch unbekannter

Autoren aus den Self-Publishing-Angeboten der jeweiligen Shops (siehe Kapitel 8).

Internetadressen

www.gutenberg.org

http://gutenberg.spiegel.de/

Raubkopien

Wie bei allen digitalen Medien existiert auch bei E-Books ein Schwarzmarkt mit Raubkopien, die ihren Weg auf illegale Art und Weise in Online-Tauschbörsen und damit auch auf USB-Sticks gefunden haben, die oft und gern untereinander getauscht werden. Ob im EPUB- oder im PDF-Format, die Auswahl ist riesig. Denn das Entfernen sowohl des Adobe-Kopierschutzes als auch der Kindle-Verschlüsselung ist mit entsprechenden Tools eine Sache weniger Klicks.

Eine neue, bessere Verschlüsselung stünde bereit, damit würde allerdings verhindert werden, dass ein damit geladenes Buch auf einem vielleicht älteren Reader, der mit dieser neuen Verschlüsselung nicht umgehen kann, gelesen werden könnte. Das wäre für den E-Book-Käufer, der seinen Lesestoff auf legale Art und Weise erwirbt, allerdings ein unüberwindbares Hindernis. Um die Kunden also nicht mit einem neuen System zu vertreiben, treten die meisten Verlage inzwischen die Flucht nach vorn an und verzichten gänzlich auf den faktisch sowieso unwirksamen Schutz durch die Adobe ID.

Mittlerweile sind nahezu alle großen Publikumsverlage, etwa auch Random House, dazu übergegangen, ihre E-Books nicht mehr mit hartem DRM, sondern mit Soft-DRM zu versehen. War es also vor noch nicht allzu langer Zeit nötig, gesicherte Bücher mit illegalen

Programmen aus dem Internet von ihrem Kopierschutz zu befreien, sind heute die meisten E-Books nur noch mit Markern wie einem digitalen Wasserzeichen ausgestattet. Das bedeutet, dass die Bücher von jedem kompatiblen Gerät geöffnet werden können.

Doch wer jetzt denkt, es wäre damit legal, Kopien von E-Books an andere weiterzugeben oder gar zu verkaufen, irrt: So lässt zum Beispiel das digitale Wasserzeichen eindeutige Rückschlüsse auf den ursprünglichen Käufer zu, etwa die Mailadresse, den Shop und den Namen des Käufers.

Diese Informationen können dann von den Verlagen dazu genutzt werden, ein illegal im Internet kursierendes E-Book zu seinem Besitzer zurückzuverfolgen und diesen wegen Urheberrechtsverletzung zur Verantwortung zu ziehen. Sie sollten sich also darüber im Klaren sein, dass die Nutzung und auch die Verbreitung illegaler Raubkopien strafrechtliche Konsequenzen mit empfindlich hohen Geldstrafen zur Folge haben können!

Darüber hinaus handelt es sich bei vielen Dateien um qualitativ minderwertig konvertierte E-Books, die nichts oder nicht mehr viel mit der ursprünglichen Datei gemeinsam haben. Auch sind die Seiten bzw. Server, auf denen man solche Dateien findet, oftmals mit Schadprogrammen wie Viren und Trojanern verseucht, bei denen nur ein falscher Klick reicht, um seinen Computer und damit die auf ihm gespeicherten persönlichen Daten zu gefährden.

Was auf den ersten Blick also umsonst ist, kann auf den zweiten Blick eine sehr teure und zeitaufwendige Angelegenheit werden.

5. Welcher Reader ist der richtige für mich? – Marktübersicht und Kaufberatung

Noch immer werden die meisten E-Books mit Smartphones und Laptops gelesen. Doch wie ich in Kapitel 3 „Womit kann ich lesen? – Das richtige Gerät finden“ schon erläutert habe: Wenn Sie auf höchstem Niveau lesen möchten, kommen Sie um die Anschaffung eines E-Ink-Readers nicht herum. Die mittelfristige Zukunft wird wahrscheinlich eine neue Geräteklasse hervorbringen, die Smartphone, Tablet und Reader miteinander vereint (mehr dazu in Kapitel 9). Doch zum jetzigen Zeitpunkt entscheiden Sie sich am besten für eines der Geräte, die ich nachfolgend kurz vorstellen möchte.

Ich betrachte von den jeweiligen Anbietern die zwei aktuell meistverkauften E-Ink-Modelle (erst Mittel-, dann Premiumklasse) mit Touchscreen, integrierter Beleuchtung und WLAN-Anschluss ausführlich. Zum Vergleich wird auch ein eventuell vorhandenes Tablet beschrieben.

Sonstige aktuell erhältliche Geräte des gleichen Herstellers werde ich jeweils erwähnen und kurz beschreiben. Die direkten Vorgängermodelle der vorgestellten Reader berücksichtige ich ebenfalls und gebe eine Einschätzung ab, ob sich der Kauf als Schnäppchen oder Gebrauchtgerät heute noch lohnt.

Offen und einfach: Tolino (Deutsche Telekom)

tolino

Tolino ist der Name von derzeit drei E-Ink-Readern, dem Tolino Shine, dem Shine 2 HD und dem Tolino Vision 3 HD. Ferner hat der Buchhändlerverbund mit dem Tolino Tab 8 auch ein Tablet im Angebot. Die Geräte werden im Auftrag der Deutschen Telekom von den Firmen Longshine (Reader) und Trek-Store (Tablet) produziert und werden entweder über die Onlineshops oder die Buchhandlungen der angeschlossenen Partner verkauft. Die E-Books können entweder direkt im Laden gekauft und drahtlos auf das Gerät übertragen werden oder zu Hause am PC über den E-Book-Shop des mit dem Reader verknüpften Händlers. Voraussetzung ist in beiden Fällen ein Benutzerkonto beim jeweiligen Anbieter.

Für Smartphones und Tablets gibt es die Tolino-Apps (Android und iOS). Hierüber können sowohl E-Books gekauft als auch gelesen werden. Für das Lesen im Internetbrowser auf dem PC oder Laptop gibt es den Tolino Webreader, der über das Benutzerkonto des jeweiligen Partnershops gestartet werden kann.

Über die Tolino Cloud, einen von der Telekom zur Verfügung gestellten Onlinespeicher, werden alle verknüpften Geräte per WLAN automatisch mit den gekauften Büchern versorgt. Auf diese Weise kann ein gekauftes E-Book auf bis zu fünf Readern, Tablets oder Smartphones gelesen werden. Auch Lesefortschritte, Lesezeichen und Notizen werden darüber zwischen den genutzten Systemen synchronisiert.

Über die Funktion *Bibliotheksverknüpfung* ist es möglich, die Benutzerkonten und damit die Clouds verschiedener Tolino-Partner miteinander zu verbinden. So können Sie beispielsweise einen bei Thalia gekauften und mit einem Thalia-Konto verknüpften Reader auch mit Ihrem Hugendubel-Benutzerkonto verbinden. Dadurch stehen die gekauften Bücher aus beiden Shops direkt auf dem Gerät zur Verfügung.

Über den Tolino Reader können Sie eigene Dateien auch in die Cloud hochladen. Dafür stehen jedem Kunden 25 GByte Onlinespeicher zur Verfügung. Alternativ kann der Upload auch am PC über den Webreader erfolgen, den man über das Benutzerkonto im jeweiligen Partnershop aufrufen kann.

Die Reader unterstützen die Dateiformate EPUB, PDF und TXT. Damit richten sich die Geräte vor allem an Vielleser von Romanen, die ein möglichst einfaches und komfortables Gerät für den Urlaub oder das tägliche Pendeln zur Arbeit suchen. Die PDF-Wiedergabe eignet sich nur für die Darstellung von formatiertem Text, die der Tolino auf Wunsch auch in ein Format umwandelt, das auf dem kleinen Bildschirm einfacher zu lesen ist. Wer auf die Wiedergabe weiterer Dateitypen angewiesen ist oder seinen Reader stark individualisieren möchte, sollte sich nach einem anderen Gerät umsehen.

Der Tolino Shine 2 HD

Im Oktober 2015 löste der Shine 2 HD seinen Vorgänger Shine ab. Mit einem Preis von 119 Euro (zum Marktstart) ist er der derzeit günstigste Reader mit HD-Display, also einer Auflösung von 1.448 x 1.072 Pixeln. Ein solches 300-ppi-Display gilt als neuer technischer Standard bei Readern dieser Größe. Neben der Schärfe des E-Ink-Displays wurden auch die Geschwindigkeit des Prozessors erhöht und die Akkulaufzeit verbessert.

Foto: Thalia.de.

Genau wie dem aktuellen Premium-Modell Tolino Vision 3 HD fehlt dem Shine 2 HD der Speicherkartenslot der früheren Geräte. Somit ist man auf 2 GByte freien internen Speicher angewiesen, der für etwa 1.500–2.000 Bücher reicht. Das Design des Gerätes wurde modernisiert und stellt eine Mischung aus dem direkten Vorgänger und der Vision-Reihe dar.

Die Steuerung geschieht per Touchscreen, darüber hinaus besitzt der Shine 2 HD nur drei Tasten: den Ein-/Ausschalter an der Oberseite, den Schalter zum Ein- und Ausschalten der Display-Beleuchtung und für die stufenlose Einstellung der Leuchtintensität. Über den Home-Button, der sich mittig unter dem Display befindet, gelangt man jederzeit zurück ins Startmenü.

Tasten zum Blättern existieren leider nicht. Über einen eingebauten Hallsensor erkennt der Vision 2 HD, wenn er in einer Hülle liegt, die den Sensor ansteuern kann. So schaltet er sich automatisch in den Stand-by-Modus, wenn Sie die Hülle schließen, und schaltet sich ein, wenn das Cover wieder aufgeklappt wird.

Geladen und an den Computer angeschlossen wird der Reader über den Micro-USB-Anschluss an der Unterseite des Gerätes. Hier findet sich auch der Eingang für den Reset-Knopf, den man in dem Fall, dass der Reader nicht mehr reagiert, mit einem spitzen Gegenstand drücken kann.

Die Cloud-Funktionen erlauben sowohl das Laden gekaufter Titel von allen Partnern innerhalb des Tolino-Verbundes als auch das Hochladen und damit Sichern eigener Titel. Auch die Onleihe funktioniert aufgrund der Unterstützung von Adobe Digital Editions.

Dank lokal gespeicherter Wörterbücher und Nachschlagewerke kann sowohl aus dem Buch heraus als auch über das Menü direkt ein Wort übersetzt oder ein Begriff nachgeschlagen werden. Die direkte Suche nach einem Begriff bei Google oder Wikipedia ist leider nicht möglich.

Die Schriftgröße kann in sieben Stufen an die individuellen Wünsche angepasst werden, entweder über das Menü oder indem Sie zwei Finger auf das Display legen und zusammen- oder auseinanderziehen (Pinch & Zoom). Auch Zeilenabstand und Absatzbreite lassen sich individuell verändern.

Eine Notizfunktion und eine Lesezeichenverwaltung runden das Angebot ab. Über den eingebauten Webbrowser kommen Sie auch per WLAN ins Internet. So können Sie beispielsweise auf die Seite der Onleihe direkt zugreifen und den Leihvorgang ohne Umweg über den Computer abwickeln.

Der Startbildschirm zeigt Ihnen oben die drei zuletzt gelesenen oder gekauften Bücher an. Über die drei Striche oben links erreichen Sie das Einstellungsmenü, mit einem Klick auf das Lupensymbol rechts oben können Sie nach einem bestimmten Titel auf dem Gerät oder im Shop suchen.

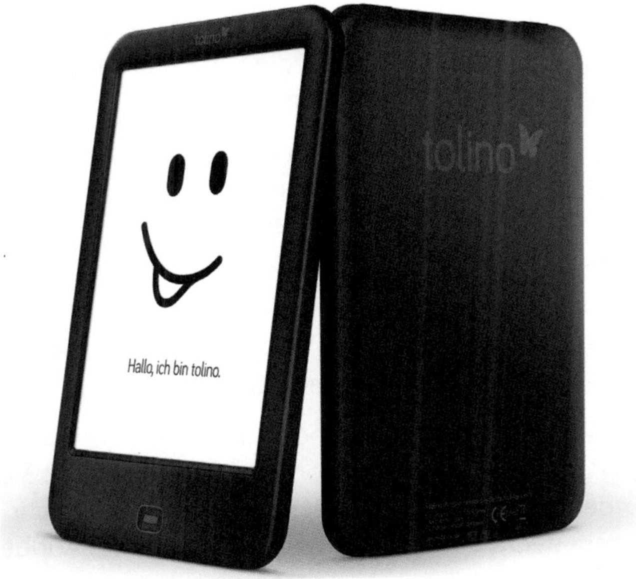

Foto: Thalia.de.

Hinter dem Punkt *Meine Bibliothek* verbirgt sich die Ansicht aller auf dem Gerät gespeicherten Bücher. Diese können Sie nach verschiedenen Kriterien sortieren oder in eigenen Sammlungen ablegen. Über einen Klick auf eines der vier Bücher im unteren Bereich des Startbildschirms gelangen Sie in den Shop des Readers. Natürlich nur unter der Voraussetzung, dass Ihr Gerät mit einem Benutzerkonto verbunden ist und per WLAN einen Zugang zum Internet hat.

Der fest integrierte E-Book-Shop wird immer von dem Partner betrieben, bei dem Sie den Reader gekauft haben. Wenn Sie das Gerät also bei Thalia kaufen, ist auch deren digitales Angebot installiert. Wenn Sie den Tolino bei der Mayerschen Buchhandlung erworben haben, ist es deren Shop und so weiter. Diese Shop-Verknüpfung ist nicht veränderbar. Wenn Sie aber auch Kunde bei einem anderen Händler sind, der ebenfalls zum Tolino-Verbund gehört, können Sie über die Funktion *Bibliotheksverknüpfung* die Daten des Benutzerkontos eintragen. So landen auch Bücher, die Sie in anderen Shops gekauft haben, per WLAN direkt auf Ihrem Gerät.

Die Registrierung des Shops kann übersprungen werden. Dann müssen Sie allerdings auch auf die Komfortfunktionen wie das Cloud-Konto, die gratis ladbaren Nachschlagewerke und Wörterbücher sowie das Firmware-Update per WLAN verzichten.

Wenn Sie das Gerät lokal in einer Buchhandlung kaufen und Unterstützung bei der Einrichtung benötigen, hilft Ihnen Ihr Buchhändler gern beim Anlegen des Benutzerkontos und beim ersten E-Book-Kauf.

Bücher von anderen Anbietern, die ebenfalls das EPUB-Format verwenden (im Prinzip alle außer Amazon und Apple), können Sie zu Hause über den Computer per USB-Kabel übertragen. Voraussetzung ist gegebenenfalls die vorherige Einrichtung von Adobe Digital Editions (siehe Kapitel 7).

Für wen geeignet?

Der Tolino Shine 2 HD eignet sich für alle Einsteiger und Vielleser, die sich auf das Wesentliche konzentrieren möchten und höchste Darstellungsqualität wollen. Die Bedienung ist einfach und klar strukturiert, die Performance auf hohem Niveau, die Verarbeitung tadellos. Dank lokaler Unterstützung beim Buchhändler Ihrer Wahl erhalten Sie schnell Hilfe bei der Einrichtung und dem E-Book-Kauf oder bei individuellen Fragen. Das Rundum-sorglos-Paket aus hervorragender Technik und sehr gutem individuellem Service!

Umsteigen vom Vorgänger (Tolino Shine)?

Wenn Sie die schnellere Performance und die höhere Auflösung reizen, ist die Neuanschaffung eine Überlegung wert. Auch die Akkuleistung wurde nochmals verbessert. Allerdings hat der Nachfolger keinen Slot für eine microSD-Karte. Die Softwarefunktionen sind bei beiden Geräten identisch.

Der Tolino Vision 3 HD

Mit Einführung des Shine 2 HD und des Vision 3 HD wurde deutlich, dass unter dem Namen „Vision" zukünftig nicht die direkten Nachfolger des ursprünglichen „Shine" geführt werden, sondern die Premium-Modelle. Rein äußerlich sehen sich die beiden aktuellen Geräte sehr ähnlich. Die beiden Knöpfe für das Ein- und Ausschalten des Gerätes sowie für die Steuerung der Beleuchtung sitzen an der gleichen Stelle.

Foto: Thalia.de.

Auch der Home-Button sitzt beim Vision 3 HD zentral unter dem 6 Zoll großen Display. Allerdings handelt es sich beim Vision 3 HD um eine kapazitive Taste, also um eine Touchfläche ohne mechanischen Druckpunkt.

Der Vision 3 HD besitzt ein planes, frontbündiges Display. Das bedeutet, dass kein abgesetzter Rahmen um das Display herumläuft. Abgesehen von der edleren Anmutung hat dies auch den Vorteil, dass sich kein Schmutz im Übergang zwischen Display und Rahmen sammeln kann und das Gerät leichter abwischbar ist. Letzteres ist besonders wichtig für ein weiteres Premium-Merkmal des Gerätes, denn der Vision 3 HD ist wasserfest.

Durch eine Versiegelung aller stromführenden Teile durchdringt Flüssigkeit zwar das Gehäuse, fügt dem Gerät dabei aber keinen Schaden zu. Der Vision 3 HD überlebt also sowohl das über ihm ausgeschüttete Glas Wasser als auch den Ausflug in die Badewanne oder den Pool. Bei anderen Flüssigkeiten als Süßwasser sollte er unter klarem Wasser abgespült und anschließend einen Tag zum Trocknen liegen gelassen werden. Um den rostfreien Micro-USB-Anschluss müssen Sie sich dabei ebenfalls keine Sorgen machen, allerdings sollte das Gerät wieder absolut trocken sein, bevor Sie es erneut laden oder an den Computer anschließen.

Eine weitere Funktion, die dem Vision vorbehalten ist, nennt sich „Tap2Flip". Über einen eingebauten Beschleunigungssensor erkennt das Gerät ein Tippen auf die Rückseite des Readers und interpretiert dies als Blättervorgang. So können Sie das Gerät mit einer Hand halten, ohne mit der anderen Hand blättern zu müssen. Die Funktion lässt sich über das Gerätemenü auch abschalten.

Alle weiteren Funktionen und Eigenschaften sind mit denen des Shine 2 HD völlig identisch.

Für wen geeignet?

Das edle Design des Vision 3 HD weiß zu gefallen. Für den vergleichsweise hohen Preis bekommen Sie den derzeit einzigen wasserfesten

Reader mit der neuesten E-Ink-Generation in HD-Auflösung. Er empfiehlt sich damit für den nächsten Urlaub am See oder am Meer. Ob das den etwa 30 Euro höheren Anschaffungspreis gegenüber dem Shine 2 HD rechtfertigt, muss natürlich jeder selbst entscheiden.

Umsteigen vom Vorgänger (Tolino Vision 2)?

Der Vision 3 HD ist bis auf das schärfere Display und die etwas bessere Akkuleistung identisch mit seinem Vorgänger. Eine Neuanschaffung ist daher nur dann überlegenswert, wenn die höhere Auflösung für Sie entscheidend ist.

	Tolino Shine 2 HD **Mittelklasse**	**Tolino Vision 3 HD** **Premiumklasse**	**Tolino Shine 1** **Einstiegsklasse**
Display	6 Zoll E-Ink-Carta, 1.448 x 1.072 Pixel, 300 ppi	6 Zoll E-Ink Carta, 1.448 x 1.072 Pixel, 300 ppi	6 Zoll E-Ink Pearl, 1.024 x 758 Pixel, 212 ppi
Größe	164,2 x 113,5 x 9,3 mm	163 x 114 x 8,1 mm	175 x 116 x 9,7 mm
Gewicht	184 g	174 g	183 g
Verfügbarer Speicher	2 GByte	2 GByte	2 GByte microSD-Laufwerk
Unterstützte Datei-formate	PDF, EPUB, TXT Adobe DRM	PDF, EPUB, TXT Adobe DRM	PDF, EPUB, TXT Adobe DRM
Preisklasse	ca. 110 Euro	ca. 150 Euro	ca. 70 Euro
Sonstiges	Marktstart 2015	Marktstart 2015 Wasserfest Tap2Flip für einhändiges Blättern	Marktstart 2013, wird abverkauft

Das Tolino Tab 8 (Tablet)

Foto: *Thalia.de.*

Für etwa 120–150 Euro bieten die Tolino-Partner ein „Tab 8" getauftes Tablet an. Mit Blick auf die Bilddiagonale von 8 Zoll und das Gewicht von nur 308 Gramm wird deutlich, welche Käufer mit diesem Gerät angesprochen werden sollen: E-Book-Leser, die nicht auf die Multimediafunktionen eines Tablets verzichten möchten. Dank des Full-HD-IPS-Displays mit einer Auflösung von 1.920 x 1.080 Pixeln eignet sich das Tab 8 tatsächlich auch für den heimischen Einsatz als Reader. Allerdings muss man die bekannten Einschränkungen bei Akkulaufzeit und Lesen bei direktem Sonnenlicht in Kauf nehmen.

Eine WLAN-Verbindung ist bei Tablets noch wichtiger als bei Readern, denn die meisten Funktionen können nur über einen Zugang zum Internet genutzt werden. Natürlich lassen sich auch hier Bücher lokal speichern und ohne Internetverbindung öffnen. Dank des leistungsfähigen Intel-Prozessors hat das Tolino Tab 8 auch genügend Reserven für die Wiedergabe hochauflösender Videos oder für anspruchsvolle Spiele aus dem Google Play Store.

Über den ähnlich wie beim Vision 3 HD gestalteten Home-Button gelangt man in die Tolino-E-Book/Audio-App. Diese ist weitgehend identisch mit den Tolino-Lese-Apps, die man sich über den Play Store laden kann. Als Bezugsmöglichkeit ist wie bei den Readern der Shop des Partners installiert, bei dem Sie das Gerät gekauft haben. Da es sich um ein offenes Android-4.4-System handelt, können Sie auch die Apps anderer Anbieter (auch Amazon!) auf dem Tablet installieren und nutzen.

Das Tab 8 überrascht mit für diese Preisklasse ausgezeichneten technischen Eckdaten. Das IPS-Display in Full HD ist buchstäblich das Highlight des Gerätes und macht es damit ideal für die Medienwiedergabe, seien es nun E-Book, Video oder Audio. Die Haptik kann es natürlich nicht mit der hochpreisigen Konkurrenz aufnehmen, die Verarbeitung ist allerdings über jeden Zweifel erhaben. Wenn Sie also ein leichtes und leistungsstarkes Tablet für den Einsatz auf der heimischen Couch suchen, machen Sie bei diesem niedrigen Preis nichts falsch.

Noch erhältliche Vorgängermodelle und sonstige Geräte

Der Tolino Shine 1

Seit Oktober 2013 auf dem Markt, ist der Shine 1 bis heute einer der besten Reader in der Preisklasse unter 100 Euro. Da jeder Partner im Tolino-Verbund seine eigenen Preise hat, ist dieser Ur-Tolino teilweise schon für 55 Euro zu haben. Dabei gilt es allerdings zu beachten, dass dann auch der Shop des jeweiligen Händlers vorinstalliert ist. Sollte man also zum Beispiel regelmäßig Kunde bei Thalia sein, sollte man besser auch dort seinen Tolino kaufen.

Foto: Thalia.de.

Die Arbeitsgeschwindigkeit des Shine 1 ist bedingt durch sein Alter nicht mehr ganz zeitgemäß, auch sein Design kommt heute ein wenig altbacken daher. Das Navigieren im Menü kann schon ein wenig Geduld erfordern, das Blättern in E-Books geht aber meist genauso zügig von der Hand wie bei aktuellen Geräten. Zum jetzigen Zeitpunkt ist der Shine 1 als preiswertes Einsteigergerät immer noch bei den Tolino-Partnern erhältlich.

Jetzt noch kaufen?

Lange wird es den ersten Tolino wohl nicht mehr am Markt geben. Wenn Sie auf der Suche nach einem E-Ink-Reader mit Touchscreen und Beleuchtung sind, deutlich unter 100 Euro ausgeben möchten und bereit sind, auf die neueste Technik zu verzichten, können Sie hier noch ein echtes Schnäppchen machen.

Internetadresse

www.tolino.de

Im goldenen Käfig: Kindle (Amazon)

Unter dem Namen Kindle (engl. *to kindle* = „entfachen") verkauft das amerikanische Unternehmen Amazon seit 2007 eine Reihe von Lesegeräten mit elektronischer Tinte und Tablet-PCs. Aktuell sind als E-Ink-Modelle der Kindle, der Kindle Paperwhite und der Kindle Voyage erhältlich. Die Geräte sind dabei an das digitale Buchangebot von Amazons Onlineshop gebunden.

Zu kaufen gibt es die Kindle in erster Linie online über amazon.de. Inzwischen haben allerdings auch einige Elektrofachhändler die Geräte im Sortiment. Für den deutschen Buchhandel stellt das Konzept eine direkte Konkurrenz dar, daher sind die Geräte dort nicht erhältlich.

Die E-Books werden entweder über die Internetseite von amazon.de oder über den in die Geräte integrierten Shop bezogen. Für Smartphones und Tablets anderer Hersteller gibt es die Kindle-App (für Android, iOS und Windows), für das Lesen von E-Books auf dem Computer gibt es das Programm *Kindle for PC* (Windows).

Alle bei Amazon gekauften E-Books werden in der Kindle-Cloud abgelegt und stehen somit allen mit dem Benutzerkonto verknüpften Geräten zur Verfügung. Ein gekauftes Buch kann auf bis zu sechs Geräten gleichzeitig gelesen werden. Die Synchronisation geschieht entweder per WLAN oder bei den 3G-Geräten über das Mobilfunknetz. Über eine Whispersync genannte Funktion werden Leseständе, Lesezeichen und Notizen ständig im Hintergrund zwischen den Geräten abgeglichen.

Für den Upload eigener Dokumente in die Kindle Cloud stellt Amazon jedem Nutzer 5 GByte zur Verfügung. Allerdings erfolgt das Hochladen etwas umständlich per E-Mail an eine *@kindle.com*-Adresse, die extra für diesen Service erstellt wird. Dabei werden die gängigen Dokumentformate wie DOC, DOCX, RTF und TXT automatisch ins Kindle-Format konvertiert. Bei PDF-Dateien muss als Betreff der Befehl *convert* eingegeben werden. Das dadurch entstehende E-Book ist je nach Komplexität der ursprünglichen Datei mehr oder weniger gut lesbar. Eine Konvertierung von EPUB-Dateien wird leider gar nicht angeboten.

Kindle stellt ähnlich wie der Tolino die Einfachheit sowie den Komfort beim digitalen Lesen in den Vordergrund. Auch bei der Auswahl an deutschen E-Books nehmen sich die beiden Konkurrenten nichts. Allerdings verhandelt Amazon in Bezug auf die Preise selbst mit den Verlagen, denn die über den Kindle-Shop angebotenen Versionen der Bücher liegen nur im Kindle-eigenen Format vor und sind nicht über den freien Buchhandel erhältlich.

Trotzdem muss sich Amazon, dem deutschen Buchpreisbindungsgesetz entsprechend, an die Preise, die mit dem Verlag ausgehandelt wurden, halten. Das ist der Grund, weshalb es kleine Preisunterschiede zwischen der Kindle-Edition und der im Buchhandel erhältlichen EPUB-Variante eines Buches geben kann.

Die Geräte unterstützen aufgrund des Closed-Shop-Systems nur die Eigenformate von Amazon (AZW3, KFX, PRC, MOBI), darüber hinaus können PDF- und TXT-Dateien dargestellt werden. EPUB-Dateien bleiben leider außen vor.

Kindle Paperwhite 3

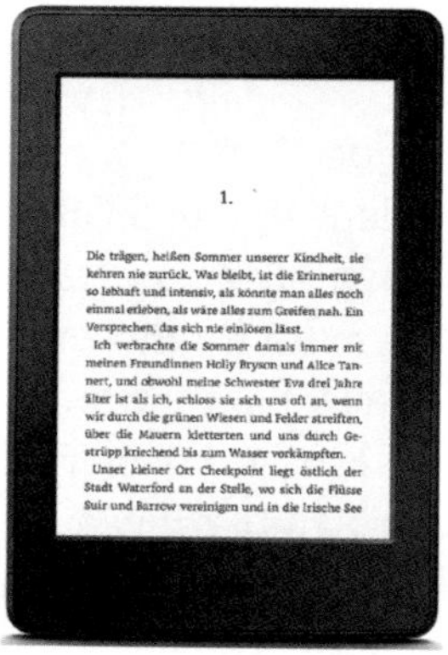

Foto: Amazon.com, Inc.

Der Begriff Paperwhite verweist auf die integrierte Beleuchtung des Gerätes. Dank des kontraststarken Displays erscheint die Darstellung bei maximaler Helligkeit tatsächlich fast so wie gedrucktes Papier. Ein Qualitätsmerkmal, das alle aktuellen E-Ink-Modelle gemeinsam haben. Auch die HD-Auflösung ist mit 1.440 x 1.072 Pixeln, also 300 ppi, auf dem neuesten Stand der Technik.

Preislich liegt der im März 2015 erschienene Kindle Paperwhite 3 aktuell bei ca. 120 Euro. Zu diesem Preis wird während der Lesepausen und im Menü Werbung für Amazon-Produkte eingeblendet. Diese sogenannten Spezialangebote lassen sich entweder gegen eine Gebühr von 20 Euro dauerhaft ausblenden oder Sie geben beim Gerätekauf 20 Euro mehr aus und erhalten so ein Gerät ganz ohne solche Werbeangebote.

Für einen Aufpreis von 60 Euro können Sie den Paperwhite auch in einer 3G-Variante bestellen. Das bedeutet, dass Sie neben WLAN auch das Mobilfunknetz für die Verbindung zu Ihrem Benutzerkonto verwenden können. Bis auf den höheren Kaufpreis fallen keine weiteren Gebühren an. Wenn Sie allerdings ein aktuelles Smartphone mit einer Datenflatrate besitzen, können Sie dessen Internetverbindung per WLAN-Hotspot-Funktion auch unterwegs an Ihren Reader weitergeben. Der höhere Preis lohnt sich also nur, wenn Sie zu Hause kein WLAN haben, kein Smartphone besitzen und somit auf die Verbindung zum Mobilfunknetz angewiesen sind, um E-Books laden zu können.

Der 6 Zoll große Bildschirm wird von einem abgesetzten Rahmen eingefasst. Das Gehäuse bietet nur einen einzigen echten Knopf zum Ein- und Ausschalten an der Unterseite, dort sitzt auch der Micro-USB-Eingang für die Stromversorgung und den Anschluss an den Computer. Alle anderen Funktionen werden über den Touchscreen gesteuert. Der interne Speicherplatz bietet Platz für etwa 2.500 Bücher.

Auf der Startseite sehen Sie in der oberen Zeile die Steuerelemente für die Beleuchtung, die Verbindung zum Shop und die Suche nach einem bestimmten Titel. Voraussetzung ist natürlich auch hier eine Internetverbindung per WLAN. Über einen Klick auf das Haussymbol gelangen Sie immer wieder zurück zum Startbildschirm. Die drei zuletzt gelesenen oder gekauften E-Books, die auf das Gerät oder in der Cloud geladen wurden, sehen Sie im Bereich darunter. Sie können direkt zwischen den beiden Speichern wechseln.

Der Bereich *aktuelle Empfehlungen* zeigt Ihnen Bücher, die Sie vielleicht interessieren könnten, und führt mit einem Klick direkt zum gewünschten Buch. Darunter sehen Sie bei den werbesubventionierten Geräten das jeweils aktuelle Spezialangebot in einem schmalen Streifen. Über das Symbol mit den drei Strichen rechts oben gelangen Sie in das Einstellungsmenü des Kindle.

Vorinstallierte und abrufbare Wörterbücher gehören genauso zu den Komfortfunktionen beim Lesen wie die direkte Suche nach einem Wort im Internet oder die unmittelbare Übersetzung in eine von 16 Sprachen. Die Schrift lässt sich per „Pinch & Zoom" oder über das Menü in acht verschiedenen Größen einstellen, auch die Änderung von Schriftart, Zeilenabstand und Absatzbreite ist problemlos möglich. Natürlich sind auch eine Notizfunktion und eine Lesezeichenverwaltung an Bord. Der eingebaute Browser erlaubt innerhalb der Grenzen, die Ihnen die Display-Technik auferlegt, auch Ausflüge ins Internet.

Wenn Sie das Gerät online bestellen, kommt der Kindle mit dem entsprechenden Benutzerkonto vorkonfiguriert bei Ihnen an. Sie müssen das Gerät nur mit Ihrem WLAN verbinden, um die Einrichtung abzuschließen.

Für wen geeignet?

Der Kindle Paperwhite gilt zu Recht als einer der besten Reader auf dem Markt. Ähnlich wie der Tolino Shine 2 HD bietet er die aktuell bestmögliche Darstellung, eine einfache und klar strukturierte Bedienung sowie eine sehr lange Akkulaufzeit. Die Verarbeitungsqualität ist auf höchstem Niveau, der Bildschirm ist absolut scharf und gleichmäßig ausgeleuchtet, und die Einrichtung ist auch für Laien einfach und unkompliziert.

Die größte Einschränkung ist sicherlich die Bindung an Amazon und die fehlende Möglichkeit, Unterstützung in Ihrer Nähe zu erhalten. Wenn Sie für den Ernstfall technisch versiert genug sind, um ein Problem selbst lösen zu können und weder die Onleihe noch die lokalen Angebote des Buchhandels nutzen möchten, können Sie bedenkenlos zugreifen.

Umsteigen vom Vorgänger (Paperwhite 2)?

Bis auf die höhere Auflösung bietet der Paperwhite 3 keine Neuerungen gegenüber dem Vorgängermodell. Ein Neukauf ist aus meiner Sicht daher nicht notwendig.

Kindle Voyage

Der im September 2014 erschienene Voyage ist Kindles Premium-Reader und bietet neben einem neuen Design und einem etwas schlankeren Gehäuse einige interessante Komfortfunktionen gegenüber dem Kindle Paperwhite 3.

Für aktuell etwa 180 Euro verkauft Amazon sein derzeitiges Topmodell online oder bei ausgewählten Handelspartnern. Für ca. 250 Euro gibt es auch eine 3G-Variante (siehe Kindle Paperwhite 3).

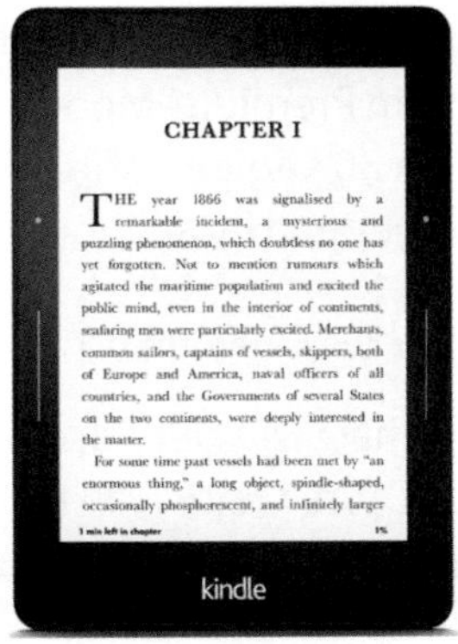

Foto: Amazon.com, Inc.

Der Voyage verfügt genau wie der Tolino Vision 3 HD über ein bündig abschließendes Display. Leider ist er im Gegensatz zu diesem nicht wasserfest. Die Displaygröße, die Auflösung und auch die Kontrastwerte sind auf dem gleichen hohen Niveau wie der Paperwhite.

Als Besonderheit bietet der Voyage die Funktion „PagePress" an. Damit können Sie zwei Drucksensoren, die neben dem Display markiert sind, zum Weiter- oder Zurückblättern benutzen. Durch leichtes Pressen mit dem Daumen, während Sie das Gerät halten, wird der Blättervorgang ausgelöst, ein kurzes Vibrieren zeigt Ihnen, dass der Druck erkannt wurde. Das funktionierte im Test auf Anhieb einwandfrei. Sehr praktisch für alle, die das Gerät mit nur einer Hand benutzen möchten.

Außerdem bietet der Reader eine adaptive Beleuchtung an, die sich automatisch an das Umgebungslicht anpasst. Diese Funktion kennt man bisher nur von Smartphones oder Tablet-PCs.

Alle anderen Funktionen und Eigenschaften sind mit denen des Paperwhite 3 identisch! Darüber hinaus verzichtet Amazon bei seinem Premium-Modell auf die eingeblendete Werbung und legt noch ein 30-tägiges Abo von Kindle Unlimited, der Buchflatrate aus dem eigenen Hause, obendrauf.

Für wen geeignet?

Genau wie der Paperwhite 3 bietet der Voyage viel aktuelle Technik fürs Geld. Das Design wirkt dabei um einiges edler und auch das etwas geringere Gewicht im Vergleich zum Mittelklassemodell weiß zu gefallen. Die PagePress-Funktion bietet einen echten Mehrwert und wirkt durchdachter als das ähnlich konzipierte Tab2Flip-Feature des Tolino Vision 3 HD. Ob sich dafür 40 Euro mehr lohnen, bestimmt wohl letztendlich auch Ihr Budget.

	Kindle Paperwhite 3 **Mittelklasse**	**Kindle Voyage** **Premiumklasse**	**Kindle (6. Generation)** **Einstiegsklasse**
Display	6 Zoll E-Ink Carta, 1.448 x 1.072 Pixel, 300 ppi	6 Zoll E-Ink Carta, 1,448 x 1,072 Pixel, 300 ppi	6 Zoll E-Ink Pearl, 800 x 600 Pixel, 167 ppi **nicht beleuchtet**
Größe	169 x 117 x 9,1 mm	162 x 115 x 7,6 mm	169 x 119 x 10,2 mm
Gewicht	205 g	180 g	191 g

	Kindle Paperwhite 3 Mittelklasse	Kindle Voyage Premiumklasse	Kindle (6. Generation) Einstiegsklasse
Verfügbarer Speicher	3 GByte	3 GByte	3 GByte
Unterstützte Dateiformate	Kindle Format 8 (AZW3), Kindle (AZW), TXT, PDF, MOBI, PRC	Kindle Format 8 (AZW3), Kindle (AZW), TXT, PDF, MOBI, PRC	Kindle Format 8 (AZW3), Kindle (AZW), TXT, PDF, MOBI, PRC
Preisklasse	ca. 110 Euro	ca. 150 Euro	ca. 70 Euro
Sonstiges	Marktstart 2015	Marktstart 2014, seitliche Blättersensoren „PagePress" Helligkeitssensor	Marktstart 2014

Kindle Fire (Tablet)

Mit dem Zusatz „Fire" vertreibt Amazon eigenproduzierte Geräte, die das digitale Angebot des gesamten Onlineshops wiedergeben können. So gibt es unter dem Namen Fire TV und Fire TV Stick eine sogenannte Set-Top-Box und einen HDMI-Stick für den Anschluss an den Fernseher, um das Musik-, App- und Videoangebot auch auf dem großen Schirm nutzen zu können. Auch ein mittlerweile wieder eingestelltes Smartphone wurde unter dem Namen Fire Phone eine Zeit lang angeboten.

Die ersten Geräte mit diesem Namen waren allerdings die Tablets, die unter der Marke Kindle Fire seit 2011 gekauft werden können. Es handelt sich dabei um qualitativ hochwertige und auch sehr günstige LCD-Tablets auf Basis des Android-Betriebssystems von Google. Allerdings greift auch hier Amazons Closed-Shop-Politik. So ist die

Benutzeroberfläche vollständig an Amazons Angebot gebunden. Die Installation von Apps ist nur über den Amazon-eigenen App-Store möglich. Dieser bietet allerdings wesentlich weniger Auswahl als der Google Play Store, der nicht auf dem Gerät installiert werden kann.

Foto: Amazon.com, Inc.

Derzeit gibt es vier verschiedene Modelle, die sich hauptsächlich in ihrer Displaygröße und Auflösung unterscheiden. Das günstigste Gerät mit etwa 60 Euro ist der Kindle Fire mit 7-Zoll-Display und einer Standardauflösung von 1.024 x 600 Pixeln. Mit dem Zusatz „HD" werden der Kindle Fire 6, 8 und 10 verkauft, wobei die Zahl für die jeweilige Bildschirmdiagonale in Zoll steht. Die Preise liegen zwischen ca. 100 und 200 Euro. Alle Geräte haben eine Auflösung von 1.280 x 800 Pixeln und können als Spielkonsole, Video- und Musikplayer sowie Reader für Produkte verwendet werden, die bei

Amazon gekauft wurden. Die Verbindung zum Internet findet nur per WLAN statt.

Einschätzung: Wenn Sie all Ihre Medien ausschließlich über Amazon beziehen, erhalten Sie mit einem Kindle Fire das perfekte Gerät für die Wiedergabe. Die Tablets sind sehr gut verarbeitet, bieten ein hervorragendes Bild, und auch die Tonwiedergabe ist für die Bauform sehr ordentlich. Dank des breiten Geräteangebots sollte für jeden die passende Größe dabei sein. Bis auf die günstigste Variante haben auch alle Kindle-Fire-Tablets genug Leistungsreserven und bieten zu sehr fairen Preisen eine Menge Komfort! Leider steht einer deutlicheren Kaufempfehlung wieder einmal das geschlossene System im Weg.

Noch erhältliche Vorgängermodelle und sonstige Geräte

Kindle Paperwhite 2

Der Vorgänger des Paperwhite 3 muss sich nur bei der Display-Auflösung seinem Nachfolger geschlagen geben. Ansonsten bietet das Gerät die gleichen hervorragenden Leseeigenschaften und Funktionen. Wohl auch aus diesem Grund ist er für rund 100 Euro nach wie vor über Amazon erhältlich.

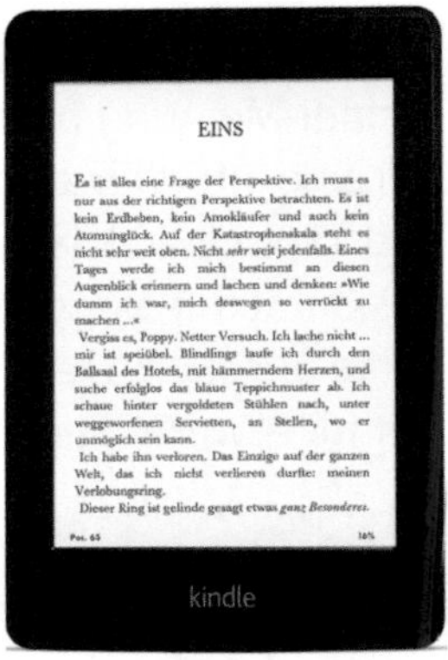

Foto: Amazon.com, Inc.

Jetzt noch kaufen?

Wenn Sie gewillt sind, auf die etwas höhere Schärfe des HD-Displays eines Paperwhite 3 zu verzichten, erhalten Sie mit dem Paperwhite 2 einen sehr gut ausgestatteten Reader zum attraktiven Preis unter 100 Euro.

Kindle

Offiziell einfach nur Kindle heißt das Basismodell von Amazons Readern, das inzwischen in der sechsten Generation vorliegt, dem technischen Stand von 2014 entspricht und im Gegensatz zu den beiden anderen Modellen kein HD-Display und keine integrierte Beleuchtung besitzt. Das E-Ink-Display bietet außerdem nicht die hohen Kontrastwerte der aktuellen Generation. Was die Displaygröße und die Ausstattung angeht, ist er weitgehend identisch mit dem Paperwhite 3 und dem Voyage.

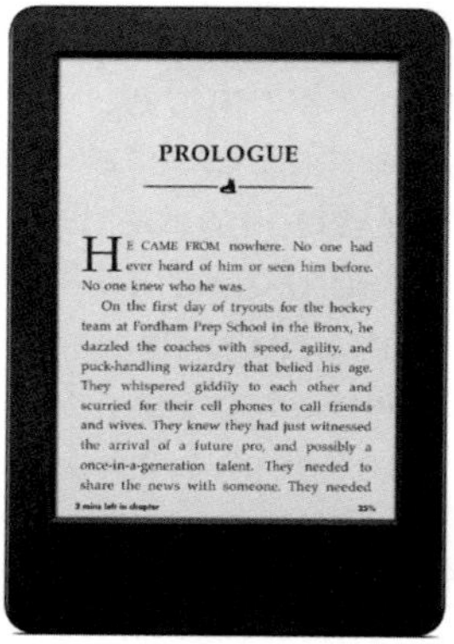

Foto: Amazon.com, Inc.

Der Kindle (6. Generation) ist mit Spezialangeboten (Werbung) für ca. 70 Euro, ohne Spezialangebote für etwa 80 Euro erhältlich.

Jetzt noch kaufen?

Meiner Meinung nach sollte ein heute gekaufter Reader auf jeden Fall eine integrierte Beleuchtung besitzen. Damit empfiehlt sich das Basismodell wirklich nur für Puristen. Wenn Sie ein ähnlich günstiges Gerät mit eingebautem Licht suchen, sollten Sie sich den Tolino Shine ansehen. Der Vorgänger des aktuellen Shine 2 HD wird derzeit für etwa 70 Euro verkauft.

> **Internetadresse**
>
> www.amazon.de

Vielseitig und vielfältig: PocketBook (PocketBook Readers)

Bereits seit 2007 produziert die Firma PocketBook International E-Ink-Reader, damals allerdings hauptsächlich für den ukrainischen und russischen Markt. Seit 2009 kann man die Geräte auch in Deutschland kaufen. Im Gegensatz zu Tolino- und Kindle-Readern lassen sich die Geräte sehr stark individualisieren und unterstützen eine Vielzahl von Formaten. So können neben EPUB-, PDF-, RTF- und TXT-Dateien auch Bücher im FB2-Format wiedergegeben werden, das im russischen Sprachraum weitverbreitet ist. Das lieferbare Gerätesortiment ist sehr breit aufgestellt. Der Fokus liegt momentan aber auf den E-Ink-Readern Touch Lux 3 und Ultra.

Als Gegenentwurf zur Tolino-Allianz arbeitet PocketBook mit den Buchgrossisten KNV und Umbreit zusammen. In deren Partnerbuchhandlungen können die Geräte gekauft und auch gleich mit Inhalten versorgt werden. Seit 2015 stellt PocketBook zu diesem Zweck auch eine eigene Cloud zur Verfügung, mit der Bücher und Lesestände zwischen den verknüpften Geräten und Lese-Apps synchronisiert werden können.

PocketBook versucht derzeit, sich mit seinen Vertriebspartnern neben Tolino und Amazon als umfassende und einfache E-Reading-Plattform zu etablieren. Die Geräte sind allerdings zum jetzigen Zeitpunkt ganz klar auf technisch versierte Individualisten ausgerichtet, die ihren Reader stark anpassen möchten. Derzeit können die Reader es in puncto Einfachheit und Komfort nicht ganz mit der Konkurrenz der beiden Marktführer aufnehmen. Auch die Integration der spät gestarteten eigenen Cloud-Lösung steht noch am Anfang.

Doch an der Software der Geräte wird derzeit kräftig gearbeitet. Beinahe wöchentlich gibt es neue Updates. Außerdem ist kein anderer Hersteller mit einer ähnlich großen Auswahl an Geräten für jeden Anspruch und für jeden Geldbeutel auf dem Markt. Wenn jetzt weiter an der Stabilität und dem Bedienkomfort der Reader gearbeitet wird, könnte sich PocketBook im Laufe des Jahres 2016 als echte Alternative zu den beiden marktführenden Anbietern erweisen.

PocketBook Touch Lux 3

Der Touch Lux 3 kam im März 2015 auf den Markt und ist mit einem Preis zwischen derzeit 100 und 120 Euro als Mittelklassegerät konzipiert. Das 6 Zoll große Display bietet etwa die gleichen Kontrastwerte wie der Tolino Shine 2 HD und der Kindle Paperwhite 3, hat aber nicht deren hohe Auflösung. Lediglich mit 1.024 x 768 Pixeln, also 212 ppi, kann der E-Ink-Bildschirm aufwarten. Dadurch fehlt gerade kleineren Schriften manchmal eine gewisse Schärfe. Dafür können Sie den etwa 3 GByte großen Speicher mit einer microSD-Karte deutlich erweitern. Ein Feature, das den beiden direkten Konkurrenten fehlt.

Foto: Pocketbook Readers.

Das Design des Gerätes unterscheidet sich stark von den meisten anderen Readern. Denn entgegen dem allgemeinen Trend bietet der Touch Lux 3 neben der Bedienung per Touchscreen auch insgesamt fünf echte Tasten für die Navigation im Menü und das Blättern. An der Unterseite befindet sich neben dem Micro-USB- und microSD-

Anschluss der Ein-/Ausschalter. Direkt unterhalb des Displays befinden sich vier Tasten: der Home-Button, zwei Tasten zum Blättern und eine Menütaste.

Alle Tasten lassen sich über das sehr komplexe Einstellungsmenü frei belegen und mit zwei verschiedenen Funktionen verknüpfen, je nachdem, ob man nur kurz oder lange drückt. Ab Werk bringt einen der Home-Button zurück auf die Startseite, die Blättertasten werden zum Navigieren im Menü oder zum Blättern benutzt, und über die Menütaste ruft man das Menü der gerade genutzten Funktion auf; durch längeres Drücken schaltet man die Beleuchtung ein oder aus.

Kein anderer Hersteller packt so viele Einstellungsmöglichkeiten und Zusatzfunktionen in seine Reader. So finden sich neben Spielen wie Schach und Sudoku auch ein kleines Zeichenprogramm, ein Bildbetrachter sowie ein Taschenrechner in der Menüstruktur. Auch ein Programm zum Lesen von Nachrichten, ein sogenannter RSS-Reader, ist Bestandteil der Software.

Hinter dem Menüpunkt *PocketBook Sync* verbirgt sich die Cloud des E-Book-Shops Bookland, der inzwischen zu PocketBook gehört. Hierunter wird sich wohl die Funktionalität der kürzlich vorgestellten PocketBook Cloud verbergen. Wer seine Bücher geräteunabhängig in einer Cloud sichern und trotzdem über das Gerät darauf zugreifen möchte, wird sich über die Dropbox-Integration freuen.

Darüber hinaus können E-Books auch mit der Funktion *Send-to-Pocketbook* per E-Mail an das Gerät geschickt werden. Dazu erhalten Sie kostenlos eine auf *@pbsync.com* endende Mailadresse, an die Sie Ihre E-Books als Anhang senden. Kurze Zeit später werden diese dann per WLAN auf den Reader heruntergeladen und in der Bibliothek angezeigt.

Alle Funktionen und Möglichkeiten des Touch Lux 3 aufzuzeigen, würde den Rahmen dieses Buches sprengen. Trotzdem bleibt die Bedienung seit dem letzten großen Update übersichtlich und klar strukturiert.

Der Startbildschirm zeigt gleich unter der Statusleiste die drei zuletzt gelesenen oder gekauften Bücher an. Darunter sehen Sie eine Mischung aus Bibliotheksvorschau und Zeitleiste, die Ihre gespeicherten E-Books mit Covervorschau und nach Datum sortiert anzeigt. Unterhalb davon sind drei Icons zu sehen, mit denen Sie die Bibliotheksansicht, den integrierten Shop des jeweiligen Partnerbuchhändlers und den eingebauten Browser aufrufen können. An der Ober- und Unterseite des Displays sind mit zwei Strichen Pfeile angedeutet. Wenn Sie von oben nach unten über das Display streichen, öffnet sich ein Einstellungsmenü, das man so ähnlich nur von Smartphones kennt. Darüber lassen sich wichtige Funktionen wie die WLAN-Verbindung und die Intensität der Beleuchtung schnell und einfach aufrufen und steuern.

Wenn Sie von unten nach oben über das Display streichen, öffnet sich eine ebenfalls von Smartphones entliehene Ansicht, die die zur Verfügung stehenden Zusatzfunktionen des Gerätes anzeigt. Auch beim Lesekomfort, den Sortiermöglichkeiten sowie der Integration von Internetsuche und Wörterbüchern steht die Software den direkten Konkurrenten in nichts nach.

Der Touch Lux 3 ist online entweder direkt über den Shop von PocketBook oder über die jeweiligen Partnershops erhältlich. Lokal kann er über Buchhandlungen bezogen werden, die mit den Grossisten Umbreit oder KNV zusammenarbeiten. Fragen Sie am besten Ihren Buchhändler vor Ort.

Für wen geeignet?

Im Gegensatz zu den Mitbewerbern ist der PocketBook Reader aufgrund seiner Komplexität und der noch nicht vollendeten Cloud-Integration für Einsteiger derzeit nur bedingt empfehlenswert. Auch sein im direkten Vergleich weniger scharfes Display trübt den Gesamteindruck etwas. Dafür ist die Ausleuchtung annähernd perfekt gleichmäßig. Um alle Möglichkeiten des Readers auszuschöpfen, sollten Sie sich ausführlich mit dem Gerät vertraut machen. Für den noch unerfahrenen Anfänger könnte es eventuell zu komplex sein. Wenn Sie jedoch technisch versiert und auf der Suche nach einem Reader mit vielen interessanten und nützlichen Zusatzfunktionen sind, ist der Touch Lux 3 das richtige Gerät für Sie.

Umsteigen vom Vorgänger (Touch Lux 2)?

Bis auf das kontrastreichere Display sind die beiden Geräte völlig identisch. Ein Neukauf ist daher nicht erforderlich.

PocketBook Ultra

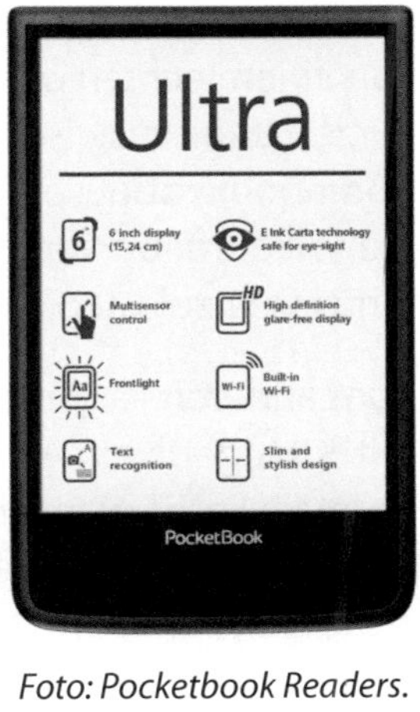

Foto: Pocketbook Readers.

In vielerlei Hinsicht unterscheidet sich das derzeitige Premium-Modell Ultra von allen anderen Readern. Das seit 2014 auf dem Markt befindliche Gerät ist für aktuell etwa 140 Euro erhältlich. Die Auflösung und die Kontrastwerte des Displays sind mit denen des Touch Lux 3 identisch.

Das Design des Ultra wirkt kantig und edel. Auf den ersten Blick befürchtet man schon, dass die vom Mittelklassemodell bekannte Leiste mit echten Tasten unter dem Display dem Rotstift zum Opfer gefallen ist. Doch sie wurden nur direkt ins Gehäuse eingelassen und haben immer noch einen gut fühlbaren Druckpunkt. Wie die Premium-Modelle der Konkurrenz bietet auch der Ultra-Reader eine weitere Komfortmöglichkeit, um im Buch zu blättern.

Auf der Geräterückseite sitzen links und rechts vom Displayrand zwei weitere Tasten, mit denen während des Lesens vor- und zurückgeblättert werden kann. Eigentlich eine sehr gute Idee, der Druckpunkt ist jedoch ein wenig zu schwammig geraten. Die Hälfte der ersten Blätterversuche führte zu keinem Ergebnis. Mit der Zeit wurde es besser, aber wirklich intuitiv ist die Bedienung leider nicht. So bleiben (abgesehen von echten Tasten auf der Vorderseite der Geräte) die PagePress-Sensoren des Kindle Voyage aus meiner Sicht die beste Lösung für ein komfortables Blättern ohne Berührung des Touchscreens.

Darüber hinaus hebt sich der Ultra mit zwei weiteren Funktionen sehr stark von den Mitbewerbern ab. Zum einen besitzt er einen Kopfhörerausgang, denn über die TTS-Funktion (**T**ext **T**o **S**peech, also die Wandlung von Text in Sprache) können E-Books vorgelesen werden. Diese künstliche Stimmwiedergabe ist zwar qualitativ weit von einem echten gelesenen Hörbuch entfernt, reicht aber für das kurze Zuhören zwischendurch. Damit auch professionell gelesene Audiobooks abgespielt werden können, unterstützt das Gerät auch die Wiedergabe von MP3-Dateien. Beide Funktionen gehen allerdings sehr zulasten der Akkulaufzeit.

Zum anderen ist auf der Rückseite des Ultra-Readers eine Kamera mit 5 Megapixeln verbaut. Damit können zwar theoretisch auch normale Fotos gemacht werden, in erster Linie dient sie aber dazu, gedruckten Text zu erfassen und den Inhalt zu digitalisieren. Über diese OCR-Funktion (**O**ptical **C**haracter **R**ecognition, „optische Schrifterkennung") wird eine abfotografierte Textpassage aus einem gedruckten Dokument in eine digitale Version konvertiert und im TXT-Format abgespeichert. Das klappte im Test allerdings nur bei optimalen Lichtverhältnissen wirklich zuverlässig.

Diese beiden Sonderfunktionen sind sicherlich nur für die wenigsten Anwender von Bedeutung, aber für die Zielgruppe der technikaffinen Profileser können sie einen echten Mehrwert bieten.

Für wen geeignet?

Noch mehr als der Touch Lux 3 wendet sich der Ultra-Reader an erfahrene Benutzer, die ein edles Gerät jenseits der Masse suchen. Aufgrund der Tatsache, dass die Display-Technik von 2014 ist, bietet der kontrastreiche E-Ink-Bildschirm leider keine aktuelle HD-Auflösung. Schwächen leistet sich PocketBooks Premium-Reader außerdem bei der Ausleuchtung des Displays, die gleichmäßiger sein könnte. Für Einsteiger wirkt der Funktionsumfang beinahe schon überladen. Als Individualist und Profianwender mit einem gewissen technischen Spieltrieb können Sie bei dem inzwischen sehr guten Preis-Leistungs-Verhältnis aber bedenkenlos zugreifen.

	PocketBook Touch Lux 3 **Mittelklasse**	**PocketBook Ultra** **Premiumklasse**	**PocketBook Basic Touch** **Einstiegsklasse**
Display	6 Zoll E-Ink Carta, 1.024 x 758 Pixel, 212 ppi	6 Zoll E-Ink Carta, 1.024 x 758 Pixel, 212 ppi	6 Zoll E-Ink Pearl, 800 x 600 Pixel, 167 ppi **nicht beleuchtet**
Größe	174,4 x 114,6 x 8,3 mm	162,7 x 106,7 x 7,9 mm	174,4 x 114,6 x 8,3 mm
Gewicht	208 g	175 g	191 g

	PocketBook Touch Lux 3 Mittelklasse	PocketBook Ultra Premiumklasse	PocketBook Basic Touch Einstiegsklasse
Verfügbarer Speicher	3 GByte microSD-Laufwerk	3 GByte microSD-Laufwerk	3 GByte microSD-Laufwerk
Unterstützte Dateiformate	E-Books: EPUB, EPUB3, PDF und FB2 Bilder: JPG, BMP, PNG, TIFF Text: TXT, HTML, XHTML, DJVU, CHM, TCR, RTF Adobe DRM	E-Books: EPUB, EPUB3, PDF und FB2 Bilder: JPG, BMP, PNG, TIFF Text: TXT, HTML, XHTML, DJVU, CHM, TCR, RTF Musik: MP3 Adobe DRM	E-Books: EPUB, EPUB3, PDF und FB2 Bilder: JPG, BMP, PNG, TIFF Text: TXT, HTML, XHTML, DJVU, CHM, TCR, RTF Adobe DRM
Preisklasse	ca. 100 Euro	ca. 130 Euro	ca. 70 Euro
Sonstiges	Marktstart 2015	Marktstart 2014	Marktstart 2013

PocketBook SURFpad (Tablet)

Zu Preisen zwischen etwa 200 und 250 Euro bietet PocketBook zwei Tablets auf einer freien Android-Basis mit besonders scharfer Darstellung und im edlen Metallgehäuse an: das SURFpad 4M mit 8 Zoll großem Display und das SURFpad 4L. Beide Geräte besitzen ein IPS-Display mit einer Auflösung von 2.049 x 1.536 Pixeln.

Foto: Pocketbook Readers.

Diese hohe Wiedergabequalität kommt besonders bei detailreichen Fotos zur

Geltung. Natürlich wirkt auch die Schriftwiedergabe entsprechend plastisch und absolut scharf. Beide Geräte bieten neben WLAN auch die Möglichkeit, über das Mobilfunknetz eine Verbindung zum Internet herzustellen. Voraussetzung ist eine SIM-Karte mit entsprechendem Vertrag, die allerdings nicht im Kaufpreis enthalten ist. Über den Google Play Store kann jede gewünschte App installiert werden. Dank der zahlreichen Schnittstellen und des performanten Prozessors eignen sich beide Geräte hervorragend für Multimedia-Anwendungen aller Art.

Fazit: Die hochauflösenden Displays machen die beiden Tablets besonders für Fotografen interessant. Für den Einsatz als Reader ist speziell das größere Gerät aufgrund seiner Maße und des vergleichsweise hohen Gewichts eher ungeeignet.

Noch erhältliche Vorgängermodelle und sonstige Geräte

Wie bereits erwähnt, hat PocketBook eine sehr breite Produktpalette an E-Ink-Readern. Folgende weitere Geräte sind über den Onlineshop des Herstellers erhältlich:

PocketBook Basic Touch

Das etwa 80 Euro teure Einsteigermodell ähnelt dem Touch Lux 3, bietet aber keine integrierte Beleuchtung. Das Display löst lediglich mit 800 x 600 Pixeln auf.

Foto: Pocketbook Readers.

PocketBook Sense

Der Sense ist für etwa 120 Euro zu haben und besitzt das gleiche Display wie der Touch Lux 3. Auch eine integrierte Beleuchtung ist mit an Bord.

Die Blättertasten auf der Rückseite erinnern genau wie das edle Design allerdings eher an den Ultra-Reader. Dafür müssen Sie auf die Tasten unterhalb des Displays verzichten.

Foto: Pocketbook Readers.

PocketBook Aqua

Ähnlich wie der Tolino Vision 3 ist der Aqua für etwa 100 Euro wasserfest und übersteht ein Bad im Pool, ohne Schaden zu nehmen. Das Display verfügt lediglich über eine Auflösung von 800 x 600 Pixeln.

Dafür besitzt es ebenso wie der Ultra-Reader bündig in den Rahmen eingelassene Tasten, die unter dem Display angebracht sind.

Foto: Pocketbook Readers.

PocketBook InkPad

Foto: Pocketbook Readers.

Der InkPad für ca. 190 Euro ist einer von nur zwei in Deutschland erhältlichen E-Ink-Readern mit einer Bildschirmdiagonale, die über dem Standardmaß von 6 Zoll liegt. Das bereits überholte E-Ink-Pearl-Display bietet ganze 8 Zoll. Zwar erreicht der Reader nicht die Kontrastwerte aktueller Geräte, löst aber mit 1.600 x 1.200 Pixeln sehr fein auf und ist sehr gut ausgeleuchtet.

Dem einen oder anderen Leser mag das Gerät aber schon wieder zu groß sein für den täglichen mobilen Einsatz. Dank Audioausgang sind auch die vom Ultra-Reader bekannte TTS- sowie MP3-Wiedergabe mit an Bord. Gesteuert wird der InkPad-Reader über den Touchscreen und seitliche Tasten zum Blättern, die vorn rechts und links neben dem Display angebracht sind.

Internetadresse

www.pocketbook.de

Scharf und edel: Kobo (Rakuten)

Die Firma Kobo (ein Anagramm für das englische Wort *book*) mit Sitz in Toronto, Kanada, stellt bereits seit 2010 E-Ink-Reader her und gilt gerade auf dem amerikanischen Markt als der größte Konkurrent von Amazons Kindle. Ursprünglich gehörte die Firma Kobo Inc. zur kanadischen Buchhandelskette Indigo. Seit 2011 ist der japanische Großkonzern Rakuten (ausgesprochen: Rakten) Besitzer des Reader-Herstellers.

Auch auf dem deutschen Markt erfreuen sich die Kobo-Reader inzwischen großer Beliebtheit, derzeit sind das vor allem der Kobo Glo HD und der Kobo Aura H2O. Sie zeichnen sich durch ein sehr elegantes Design und eine hohe Funktionalität aus und verfolgen wie alle Anbieter – außer Amazon – ein offenes Konzept. Es können alle in Europa wichtigen Dateiformate wie EPUB, PDF und MOBI gelesen werden, auch HTML, TXT und RTF lassen sich anzeigen.

Allerdings sind die Geräte bisher nur in Elektrofachläden erhältlich, eine Platzierung im deutschen Buchhandel findet nicht statt. Der integrierte Kobo-E-Book-Shop ist gut ausgestattet und bietet ähnlich wie Tolino und Amazon mit Kobo Writing Life eine eigene Self-Publishing Plattform an. Seit Kurzem kann man die Geräte auch direkt über den Kobo-Store im Internet kaufen.

Kobo Glo HD

Ähnlich wie der Kindle Paperwhite 3 und der Tolino Shine 2 HD ist der Kobo Glo HD mit derzeit etwa 120 Euro als Mittelklassegerät angelegt. Das Display löst entsprechend auch genau wie das der beiden Konkurrenten mit 1.448 x 1.072 Pixeln auf. Auf den ersten Blick sehen sich besonders der Paperwhite 3 und der Kobo Glo HD zum Verwechseln ähnlich, denn beide setzen auf ein sehr minimalistisches Design ohne einen einzigen Knopf auf der Vorderseite.

Die einzige Taste sitzt beim Kobo dann auch an der Oberseite und dient zum Ein- und Ausschalten, alle anderen Funktionen werden über den Touchscreen aufgerufen und gesteuert. Ebenfalls 3 GByte nicht erweiterbarer, interner Speicher reichen für mehrere Tausend E-Books. Geladen und mit eigenen Inhalten versorgt wird auch dieses Gerät per Micro-USB-Anschluss.

Foto: Kobo.

Der Startbildschirm ist etwas anders aufgebaut als bei den anderen Geräten, doch „anders" bedeutet nicht „schlechter". Kobo setzt auf eine Visualisierung seiner Nutzungsstatistiken, die auch während des Lesens aufgerufen werden können, und zeigt Ihnen, welches Buch zuletzt gelesen wurde, wie weit Sie schon sind, welche Bücher Sie schon gelesen haben und was Ihnen als Nächstes gefallen könnte. Über die Suchleiste, die über allem steht, können Sie schnell innerhalb des Gerätes oder des Kobo-Store nach einem Buch suchen. Drei Buttons am unteren Displayrand verweisen auf die gespeicherten Bücher, den Shop und die Extras. Ähnlich wie die Geräte von PocketBook bietet auch der Kobo Glo HD für die Zerstreuung zwischendurch im Menü ein paar Spiele und einen Bildbetrachter für eigene JPEG-Dateien.

Wer seinen Reader viel mit Material vom eigenen PC versorgt, wird die Unterstützung der Schlagwortsortierung der Verwaltungssoftware Calibre sehr zu schätzen wissen. Damit kann man seine Bücher schon am PC so sortieren, wie man sie dann auf dem Reader gern hätte. Leider werden (wie bei allen anderen Geräten, die ich bis hierher vorgestellt habe) eigene Ordnerstrukturen, die man sich auf dem PC anlegt, nach der Übertragung auf den Reader ignoriert.

Die Anpassungsmöglichkeiten beim Lesen sind bei Kobo weitreichend und wohl die besten am Markt. Sogar die Schriftstärke lässt sich bei einigen Schriftarten einstellen. Die Silbentrennung, die von den meisten anderen Herstellern zulasten des Leseflusses vermieden oder einfach falsch gemacht wird, funktioniert hier tadellos.

Die Wörterbuch- und Suchfunktionen werden ähnlich wie bei Kindle als „schwebendes Fenster" eingeblendet, was nicht den Eindruck erweckt, das gerade gelesene Buch nun verlassen zu haben. Der eingebaute Browser ist minimalistisch, aber – gute WLAN-Verbindung vorausgesetzt – sehr schnell.

Eine außergewöhnliche Funktion bietet der Kobo in Kombination mit dem PC. Über eine Funktion namens *Pocket* können Artikel, die man am Computer liest, mit nur einem Klick als für den Reader lesbare Datei gespeichert und auf den per USB verbundenen Kobo übertragen werden. Toll, wenn man einen langen Text entspannt auf einem E-Ink-Display statt am PC lesen möchte.

Überhaupt ist der Kobo jenseits des eigenen, vorinstallierten Shops ganz auf das Zusammenspiel mit Ihrem Computer ausgerichtet. Dazu zählt leider auch der Download von mit Adobe ID geschützten Büchern, beispielsweise über die Onleihe. Diese müssen immer zuerst auf den PC geladen und können nicht direkt über den eingebauten Browser heruntergeladen werden, wie es bei Tolino oder PocketBook möglich ist.

Für wen geeignet?

Display, Darstellung, Bedienung – der Kobo Glo HD glänzt in allen Disziplinen und schafft das Kunststück, sowohl für ambitionierte Anfänger als auch für Profianwender ein attraktives Angebot jenseits der großen Anbieter zu sein. Es fehlt Ihnen allerdings auch hier der Support direkt vor Ort. Außerdem müssen Sie das Einrichten des Shops und auch das Aktivieren der Adobe ID am PC selbst bewältigen. Doch wenn Sie kein absoluter Einsteiger sind, bietet Kobo mit dem Glo HD einen der technisch besten Reader auf dem Markt, der aus meiner Sicht insgesamt nur noch von einem Gerät getoppt wird …

Kobo Aura H2O

Nie war last, but not least so wahr wie in diesem Fall. Denn der letzte Reader, den ich Ihnen ausführlich vorstellen möchte, ist aus meiner Sicht das im Moment beste Gerät der verfügbaren Reader. Der Premium-Reader Kobo Aura H2O wird momentan für etwa 180 Euro angeboten und ist bereits seit 2014 auf dem Markt, bietet aber trotzdem die aktuellste E-Ink-Technik und hat eine Display-Diagonale von 6,8 Zoll. Diese 0,8 Zoll (etwas 2 cm) mehr mögen nicht viel sein, bringen aus meiner Sicht aber einen echten Mehrwert.

Foto: Kobo.

Die Auflösung beträgt 1.430 x 1.080 Pixel und liegt damit zwar unter der Schärfe der neueren Displays des Tolino Vision 3 HD, Kindle Voyage oder auch des Kobo Glo HD, doch das ist nur im direkten Vergleich ansatzweise ersichtlich und angesichts der größeren Lesefläche auch leicht zu verschmerzen. Außerdem ist der Aura H2O wasser- und staubdicht nach IP67. Das ist ein Industriestandard, der hauptsächlich für technische Outdoor-Ausrüstung wie Smartphones oder GPS-Geräte gilt (siehe Infokasten). Er besagt, dass der Aura H2O gegen das Eindringen von Wasser bis zu einem Meter Tauchtiefe geschützt ist. Auch Staub kann über das Gehäuse oder die Anschlüsse nicht ins Gerät gelangen.

Wasserfest und wasserdicht?

Die IP67-Zertifizierung des Kobo Aura H2O bedeutet auch, dass der Hersteller die Wasser- und Staubdichtheit innerhalb der Zertifikatsspezifikationen garantiert! Dem Aura H2O reicht nach dem Bad im Meer oder der darüber ausgeschütteten Cola ein feuchter Lappen, um die Rückstände zu entfernen. Eine Garantie wird aber nur für Süßwasserschäden übernommen. Schäden durch andere Flüssigkeiten können beim Hersteller oder dem Handel gegenüber nicht geltend gemacht werden.

Auch Sand vom Strand kann nicht eindringen, aber man sollte trotzdem darauf achten, dass die Sandkörner beim Abwischen keine Kratzer auf dem empfindlichen Display verursachen. Denn auch solche Schäden werden durch die Zertifizierung nicht ausgeschlossen.

Auch der PocketBook Aqua wird als „wasserdicht“ verkauft, besitzt aber keine Zertifizierung und damit auch keine Garantie! Der Tolino Vision 3 verträgt ein Bad im Pool ebenfalls ohne Probleme, aber er ist nur „wasserfest“. Das bedeutet, dass das Wasser zwar in das Gehäuse eindringt, die versiegelte Technik dadurch aber keinen Schaden nehmen soll. Das gilt allerdings nur für Süßwasser! Deswegen müssen andere Flüssigkeiten auch aus dem Gerät gespült und dieses anschließend getrocknet werden.

Bis auf das entsprechend größere Gehäuse ähnelt der Aura H2O dem Kobo Glo HD sehr. Als einziger Reader im Premiumsegment besitzt er keine Blättertasten (wohl aufgrund der IP67-Zertifikation) und auch keinen entsprechenden Sensor wie der Tolino Vision 3 HD. Die Anschlüsse für Micro-USB-Kabel und der Speichereinschub für die microSD-Karte liegen hinter einer wasserdichten Abdeckung an der Unterseite des Gerätes. Die Softwarefunktionen und die sonstige Ausstattung des Aura H2O sind mit denen des Kobo Glo HD identisch.

Für wen geeignet?

Preislich liegt der Kobo Aura HD im Moment auf einem Niveau mit dem Kindle Voyage und ist damit einer der teuersten Reader auf dem Markt. Allerdings auch einer der besten, wenn nicht sogar **der** beste! Hauptgrund hierfür ist natürlich das größere Display, das trotz des dadurch auch größeren Gehäuses aus meiner Sicht den perfekten Kompromiss aus Lesefläche und Mobilität bedeutet. Schärfe und Kontrast sind auf einem Spitzenniveau.

Die Wasser- und Staubdichtheit ist zwar nicht für jedermann entscheidend, hebt das Gerät aber noch mal von den meisten seiner Konkurrenten ab. Wenn Sie bereit sind, für einen Reader weit über 150 Euro auszugeben, und nicht zu den technisch wenig versierten Einsteigern gehören, bekommen Sie hier aus meiner Sicht die optimale Fläche, eines der besten Displays überhaupt und eine Ausstattung, die in fast jedem Punkt noch eine Winzigkeit besser und durchdachter ist als bei der Konkurrenz.

	Kobo Glo HD **Mittelklasse**	**Kobo Aura H2O** **Premiumklasse**	**Kobo Touch 2.0** **Einstiegsklasse**
Display	6 Zoll E-Ink Carta, 1.448 x 1.072 Pixel, 300 ppi	6,8 Zoll E-Ink Carta, 1.430 x 1.080 Pixel, 265 ppi	6 Zoll E-Ink Pearl, 800 x 600 Pixel, 167 ppi **nicht beleuchtet**
Größe	157 x 115 x 9,2 mm	179 x 129 x 9,7 mm	157 x 115 x 9,2 mm
Gewicht	180 g	233 g	185 g

	Kobo Glo HD Mittelklasse	Kobo Aura H2O Premiumklasse	Kobo Touch 2.0 Einstiegsklasse
Verfügbarer Speicher	3 GByte	3 GByte	3 GByte
Unterstützte Dateiformate	E-Books: EPUB, EPUB3, PDF, MOBI Bilder: JPEG, GIF, PNG, BMP, TIFF Text: TXT, HTML, XHTML, RTF Comics: CBZ und CBR	E-Books: EPUB, EPUB3, PDF, MOBI Bilder: JPEG, GIF, PNG, BMP, TIFF Text: TXT, HTML, XHTML, RTF Comics: CBZ und CBR	E-Books: EPUB, EPUB3, PDF, MOBI Bilder: JPEG, GIF, PNG, BMP, TIFF Text: TXT, HTML, XHTML, RTF Comics: CBZ und CBR
Preisklasse	ca. 120 Euro	ca. 180 Euro	ca. 80 Euro
Sonstiges	Marktstart 2015	Marktstart 2014	Marktstart 2015

Noch erhältliche Vorgängermodelle und sonstige Geräte

Zwei Vorgängermodelle seiner aktuellen Geräte bietet Kobo noch über seinen eigenen Onlineshop im Direktversand an:

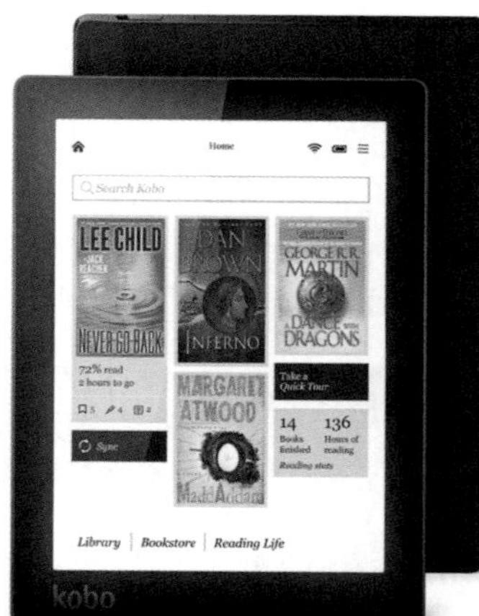

Foto: Kobo.

Kobo Aura

Der Vorgänger des Kobo Glo HD ist immer noch einer der edelsten Reader auf dem Markt. Er wurde bereits 2013 veröffentlicht und besaß noch vor dem Tolino Vision ein planes, beleuchtetes Display. Allerdings beträgt seine Display-Diagonale nur 6 Zoll, und auch seine restlichen Ausstattungswerte sind entsprechend seinem Alter nicht mehr auf dem neuesten Stand der Technik. Dafür ist er inzwischen für unter 100 Euro zu haben und angesichts seines edlen Designs ein echtes Schnäppchen.

Kobo Touch 2.0

Der Kobo Touch 2.0 ist mit seinem 800 x 600 Pixel auflösenden Display und seinem nicht beleuchtbaren Display ähnlich wie der Amazon Kindle (sechste Generation) ein Gerät für Puristen und Einsteiger, die nicht über 100 Euro ausgeben möchten. Für derzeit etwa 90 Euro bietet das Basismodell allerdings zu wenig fürs Geld. Eine bessere Alternative wäre in diesem Preissegment der Tolino Shine, der mit beleuchtetem Display und feinerer Auflösung (allerdings weniger kontrastreichem Display und langsamerem Prozessor) noch für etwa 70 Euro zu haben ist.

Foto: Kobo.

> **Internetadressen**
>
> www.kobo.de
>
> https://store.kobobooks.com/de-de
>
> https://de.kobo.com/writinglife

Nur schwer zu bekommen: Veteranen und Spezialisten

Jenseits von Tolino, Amazon, PocketBook und Kobo gibt es noch andere Hersteller, die auf dem deutschem Markt allerdings keine oder fast keine Rolle spielen. Darunter auch ein Weltkonzern, der sich erst vor wenigen Jahren aus dem Segment zurückzog, das er selbst mit begründet hat.

Sony Reader (Sony Corp.)

Seit dem Jahr 2008 waren die Sony Reader eine feste Größe auf dem deutschen Markt. Es waren mit die ersten Geräte mit elektronischer Tinte als Display-Technik, und sie sollten lange das Maß aller Dinge bleiben, wenn es um hochwertige Reader geht. Bis heute sind viele dieser Geräte im Einsatz, vom Pionier PRS-505 im edlen Metallgehäuse bis zum letzten Gerät aus dem Jahr 2013, dem PRS-T3, auf das Sony auf seiner Internetseite heute noch verweist.

Foto: Sony Europe.

Doch leider versäumte Sony es, zwei wichtige Elemente in seinen Readern zu verbauen, die sich innerhalb kürzester Zeit zum Standard entwickelten: eine integrierte Beleuchtung und einen gut ausgestatteten Onlineshop. Als man durch die späte Kooperation mit dem Buchgrossisten Libri begann, deren Shop auf den Geräten zu installieren, war es bereits zu spät. Auch die Kooperation mit Kobo, die darauf noch folgte und bis heute gilt, änderte nichts mehr daran, dass Sonys Angebot bei den Käufern nicht mehr ankam.

Außerdem ging Sony einen umständlichen Mittelweg beim Aufspielen von E-Books. Während alle anderen Reader bereits mit Adobe Digital Editions als Zuspieler für E-Books am PC arbeiteten, setzte Sony auf seine eigene Software namens *Reader for PC*. Zwar konnte man damit ebenso aus jedem Shop E-Books einkaufen und auch eine Adobe ID konnte hinterlegt werden, doch die Reader wurden am PC nur erkannt, wenn zuvor *Reader for PC* und der entsprechende Treiber installiert wurden. Eine technische Hürde, für die viele Nutzer kein Verständnis hatten und sich entsprechend beim nächsten Neukauf von Sony abwandten.

All diese Faktoren führten schließlich dazu, dass die Reader von Sony auf dem Markt immer mehr an Bedeutung verloren und von den Mitbewerbern überholt wurden. Heute stellt das Unternehmen unter dem Label *Digital Paper* nur noch E-Ink-Geräte für den professionellen Gebrauch zu sehr hohen Preisen her, die in Deutschland nur als Importware zu bekommen sind.

Bis heute haben die Sony Reader allerdings eine treue Fangemeinde und auf Plattformen wie eBay werden sie immer noch oft und gern gehandelt. Wer also einen schicken Reader mit einem durchdachten und einfachen Bedienkonzept sucht, der die Vorteile von Tasten und Touchscreen gekonnt kombiniert, dabei aber auf eine eingebaute Beleuchtung und einen integrierten und umfassend bestückten Shop verzichten kann, kann mit den drei letzten Readern von Sony, dem PRS-T1 bis 3, ein Schnäppchen machen.

Internetadresse

www.sony.de/electronics/tragbare-geraete

Bookeen

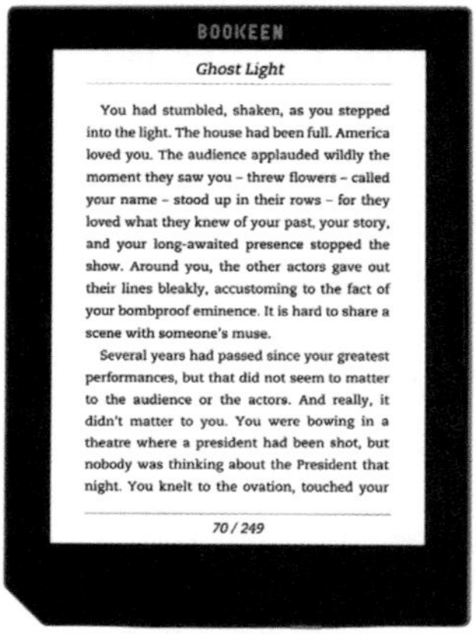

Foto: Bookeen.

Die französische Firma Bookeen stellt unter dem Namen Cybook bereits seit 2006 Reader mit elektronischer Tinte her. Von 2012 bis 2013 gab es den Cybook Odyssey in drei verschiedenen Versionen beim Buch-Filialisten Thalia zu kaufen. So war der Odyssey Frontlight HD das erste Gerät mit beleuchtetem Display, der auf dem deutschen Buchmarkt verkauft wurde.

Bookeens Lesegeräte zeichneten sich durch ein extrem gutes Zusammenspiel zwischen Hardware und Software aus, wodurch die Geschwindigkeit beim Blättern und Seitenaufbau lange als das Maß aller Dinge galt.

Mit der Einführung des Tolino endete die Zusammenarbeit zwischen Thalia und Bookeen, seitdem bekommt man die Geräte hierzulande nur noch über den Onlineshop des Herstellers. Seit Kurzem ist der Cybook Ocean auf dem Markt, der erste E-Ink-Reader mit der neuesten Display-Technik und einem 8-Zoll-Bildschirm.

Internetadresse

www.bookeen.com

Icarus

Das niederländische Unternehmen Icarus bietet ein breites Sortiment an Readern an, vom 6-Zoll- bis zum 9,7-Zoll-Display reicht die

Palette an E-Ink-Readern. Ähnlich wie die Reader von Bookeen können Sie die Geräte derzeit nur online beziehen, entweder beim Hersteller selbst oder über einen Fachhändler.

Was die Icarus Reader von der Masse abhebt, ist das Betriebssystem Android. Es kommt auf den aktuellen Geräten in der Version 4 zum Einsatz. Zwar verwenden auch andere Reader wie Tolino oder Kindle Android als Basis, aber die Funktionalität ist stark begrenzt. So kann man auf diesen Geräten keine eigenen Apps installieren.

Foto: ICARUS.

Icarus bietet dem Nutzer ein völlig offenes Android-System mit Zugang zum Google Play Store an. Ähnlich wie auf einem Smartphone oder Tablet können Sie auf Readern wie dem Illumia HD oder dem eXcel alle Apps von konkurrierenden Anbietern zusammen installieren und sind damit nicht auf einen integrierten Shop angewiesen. An manchen Stellen fällt allerdings auf, dass Android an sich nicht für den Betrieb auf E-Ink-Displays optimiert ist. So sind die Geräte derzeit vor allem für technisch versierte Anwender interessant, die von ihrem Reader die gleichen Funktionen erwarten wie von einem Tablet und dafür die langsamere und schwarz-weiße Darstellung der elektronischen Tinte in Kauf nehmen.

Internetadresse

www.icarusereader.com

Der passende Reader – Gesamtfazit

Den idealen Reader mit elektronischer Tinte gibt es genauso wenig wie den idealen Anbieter. Die Höhe des Budgets spielt natürlich eine entscheidende Rolle beim Kauf eines Gerätes, ebenso die Frage, ob es einen Support gibt, der gerade für Einsteiger sehr wichtig ist.

Wieso flackern die Geräte so?

Elektronische Tinte hat viele hervorragende Eigenschaften, die sie von herkömmlichen LCD-Bildschirmen unterscheidet. Sie ist blendfrei, blickwinkelunabhängig und hat eine völlig flimmerfreie Darstellung.

Das „Flackern" liegt allerdings darin begründet, dass die Schaltzeit der Geräte nicht sehr hoch ist. Wir kennen das noch von den ersten Flachbildfernsehern. Bei schnellen Bewegungen wurden Schlieren sichtbar, weil der Bildschirm sich nicht schnell genug auf den neuen Inhalt einstellen konnte. Und auch E-Ink-Bildschirme kennen diese langsamen Schaltzeiten.

Die neueste Generation von Geräten schaltet allerdings wesentlich schneller als ihre Vorgänger, und so ist das „Flackern" meist nur noch in den Menüs oder bei einem sehr komplexen Bildaufbau erkennbar. Bei gedruckter Schrift tritt der Effekt nur alle paar Blättervorgänge auf, um sogenannte Artefakte, also Darstellungsfehler, die sich beim Blättern aufsummieren, zu löschen. Diese Refresh-Rate lässt sich bei allen Geräten individuell einstellen. Je mehr Refresh, desto klarer das Bild, aber auch desto mehr Flackern.

Für Einsteiger, die auf eine persönliche Beratung und Unterstützung Wert legen, sind die Tolinos im Moment wohl die beste Empfehlung. Sie erhalten technisch hervorragende Geräte ohne Anbieterbindung und können auf den Service in den Buchhandlungen vor Ort zurückgreifen. Die Software kann hinsichtlich der Komfortfunktionen noch nicht ganz mit der von Kobo mithalten, ist dafür aber intuitiver und etwas übersichtlicher. Ähnlich gut sind auch die Kindle-Geräte von Amazon, doch hier muss man leider auf die freie Anbieterwahl und eine persönliche Beratung verzichten.

Für technisch versierte Leser sind die Reader von Kobo wohl die beste Lösung. Keine anderen Geräte bieten Ihnen ein derart umfassendes Gesamtpaket aus hervorragender Hardware und Softwarefunktionen.

Was sagt die Auflösung eines Displays über die Qualität der Darstellung aus?

Die Auflösung eines Displays wird entweder in Pixeln oder in ppi (pixels per inch = Pixel pro Zoll) angegeben. Dabei sagt die Pixelanzahl etwas über die reine Anzahl an Bildpunkten aus, aus denen ein Display besteht. Die ppi-Zahl setzt diese Anzahl in Relation zur Größe des Displays und gibt damit Aufschluss über die Schärfe der Darstellung.

So hat beispielsweise der Tolino Shine 2 HD eine Auflösung von 1.448 x 1.072 Pixeln. Das bedeutet, dass das Display vertikal aus 1.448 und horizontal aus 1.072 aneinandergereihten Bildpunkten besteht. Insgesamt sind das 1.552.256 Pixel, die für die Darstellung verwendet werden. Auf dem in der Diagonale sechs Zoll großen Bildschirm bedeutet es, dass eine ein Zoll lange Reihe von Pixeln aus 300 Einzelpixeln besteht. Bei einem mit 1.024 x 758 Pixeln auflösenden Display mit der gleichen Diagonale sind es nur 212 Pixel pro Zoll, die Darstellung ist folglich weniger fein und damit weniger scharf.

Je höher also die Pixelanzahl auf einer bestimmten Fläche ist, desto schärfer wirkt die Darstellung.

6. Wie sichere ich meine E-Books? – Digital Editions, Cloud und USB-Stick

Anders als gedruckte Bücher lassen sich E-Books natürlich nicht ins Regal stellen. Doch mit den richtigen Hilfsmitteln schaffen Sie sich eine von Anbietern und Shops unabhängige digitale Bibliothek, an der Sie auch in vielen Jahren noch Freude haben werden.

Wieso sind E-Books nicht viel günstiger als gedruckte Bücher?

Auch wenn für E-Books kein Papier bedruckt, keine Bücher gelagert und keine Ware versendet werden muss, es entstehen größtenteils die gleichen Kosten wie bei gedruckten Büchern. Der Autor selbst bekommt seinen Anteil, das Lektorat (besonders aufwendig bei E-Books, denn sie müssen auf verschiedenen Geräten gleich aussehen) und das Marketing sind ebenfalls feste Größen unabhängig von der Form.

Und auch die Shopsysteme, über die E-Books vertrieben werden, müssen zur Verfügung stehen, ob nun eigene oder die von Zwischenhändlern. Allgemein gilt: Je größer das E-Book-Angebot eines Verlags, desto günstiger kann er sein digitales Sortiment anbieten.

Verwenden Sie Adobe Digital Editions (ADE) zum Sichern Ihrer Bücher

Egal, von wo Sie Ihre E-Books beziehen, bis auf Amazon erlauben alle Anbieter den Download über die Software Adobe Digital Editions (ADE). Bei einigen Verlagen ist das Programm mit einer installierten Adobe ID sogar immer noch Grundvoraussetzung, um Bücher laden zu können. Doch ADE ist mehr als nur eine Zwischenstation für den anschließenden Transfer auf den Reader. So erweitern Sie mit jedem Download Ihre E-Book-Sammlung, deren Dateien Sie unter Windows in der Standardeinstellung im Ordner *My Digital Editions* in Ihren Dokumenten finden. So sind Ihre digitalen Werke alle an einer Stelle gespeichert. Da dieser Speicherort von Windows integrierter Backup-Lösung ebenso automatisch gesichert wird wie von Programmen anderer Hersteller, sind Ihre E-Books vor Datenverlust gut geschützt.

Nutzen Sie die Cloud nie als einzige Sicherung

Cloud-Speicher sind nichts anderes als virtuelle Festplatten, die nicht an Ihren Computer angeschlossen, sondern übers Internet mit Ihren Zugangsdaten beim jeweiligen Anbieter erreichbar sind. Microsoft bietet mit OneDrive eine fest in Windows integrierte Cloud-Lösung an, einer der bekanntesten und verbreitetsten Anbieter ist Dropbox.

Auch Tolino und Amazon werben damit, dass alle Bücher, die Sie kaufen, jederzeit in der Cloud zur Verfügung stehen. Doch ist die Grundvoraussetzung eines Zugriffs auf die Cloud auch immer ein Internetzugang. Zwar findet bei den meisten Anbietern eine automatische Synchronisation zwischen der Cloud und den an sie angeschlossenen Geräten statt, aber natürlich nur, wenn diese eingeschaltet sind und per WLAN mit dem Internet in Kontakt stehen. Bei Amazon ist es sogar unmöglich, gekaufte E-Books außerhalb der Cloud und ihrer Geräte bzw. Apps zu speichern.

Sichern Sie Ihre wichtigen Originaldateien am besten möglichst immer auf einem Datenträger, auf den Sie jederzeit Zugriff haben können.

Sichern Sie Ihre Daten immer auf externen Datenträgern

Ein alter Grundsatz aus der IT ist es, wichtige Daten immer getrennt von dem System zu sichern, auf dem man sie einsetzt. Noch vor wenigen Jahren war man bei einem Backup umfangreicher Datenbestände auf vergleichsweise teure externe Festplatten angewiesen. Doch seit USB-Sticks durch immer niedrigere Preise und immer höhere Kapazitäten glänzen, sind sie eine günstige und praktische Alternative auch bei großen Datenmengen.

Da E-Books vergleichsweise wenig Speicherplatz benötigen, kann selbst eine sehr umfangreiche Bibliothek problemlos auf einem 16-GByte-Stick gesichert werden. Diese gibt es bereits ab 5 Euro im Fachhandel. Wer auf Nummer sicher gehen möchte, kann seine digitalen Bücher auch auf eine CD, DVD oder Blu-ray Disc brennen. Damit ist auch versehentliches Löschen, wie es bei einem Stick immer mal passieren kann, kein Problem mehr.

Bei der Häufigkeit der Sicherung gibt es keine festen Regeln. Aber nur, wenn Sie konsequent und auf die richtige Art sichern, können Sie auch nach einem Totalverlust Ihres PCs oder Readers weiterhin auf alle Ihre Bücher zugreifen.

Übrigens: Datensicherung liegt immer in der Verantwortung des Käufers! Kein Anbieter ist verpflichtet, Ihnen nach einem beliebig langen Zeitraum die Dateien abermals zur Verfügung zu stellen. Auch Cloud-Services sind lediglich Komfortfunktionen, auf die kein rechtlicher Anspruch besteht. Sie erwerben mit dem Kauf eines E-Books also den Besitz der Kopie und das Eigentum an der Lizenz, um diese Kopie unbegrenzt lange lesen zu können. Wenn Sie die Kopie jedoch verlieren, geht der Verlust genau wie beim gedruckten Buch zu Ihren Lasten, es besteht kein rechtlicher Anspruch auf Ersatz.

Eine Ausnahme bildet hierbei Amazon, denn hier ist die Cloud die einzige Möglichkeit, von dem erworbenen Nutzungsrecht Gebrauch zu machen.

Kann ich auch ohne Internetzugang, E-Mail-Adresse und Benutzerkonto E-Books kaufen?

Nein. Die Basis des E-Book-Kaufes ist immer ein Kundenkonto, mit dessen Hilfe Sie das Buch herunterladen können. Selbst wenn Sie das Gerät lokal erwerben und Ihr E-Book direkt im Laden zahlen, erhalten Sie den Link, um das Buch laden zu können, per E-Mail oder über Ihr Benutzerkonto direkt per WLAN auf dem Gerät. Eine digitale Identität und Zugang zum Internet sind also unumgänglich.

7. Wie hole ich das Beste aus meinen Lesegeräten? – Die wichtigsten Programme und Apps

Adobe Digital Editions (für Windows und OS X)

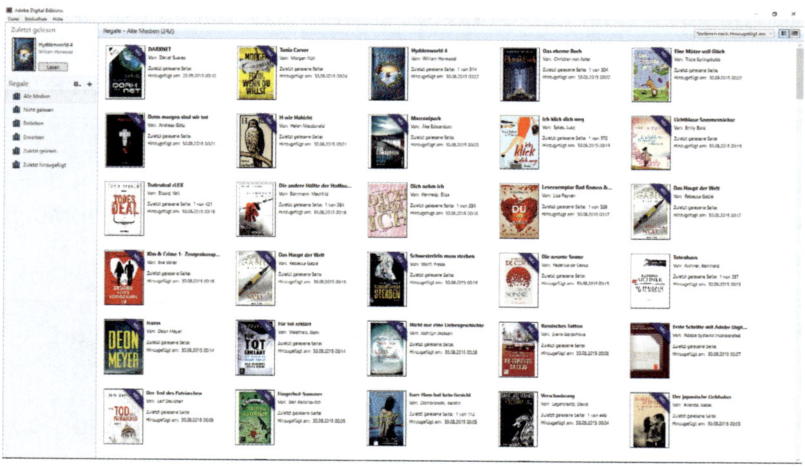

Der ADEPT-Kopierschutz wird unter dem Namen Adobe ID von so gut wie allen Verlagen verwendet, die ihre Bücher mit Hard-DRM, also mit einem aktiven Kopierschutz versehen. Die Standardsoftware, mit der man solcherlei geschützte Bücher herunterladen kann, ist Adobe Digital Editions (ADE). Sie unterstützt den Download kopiergeschützter und freier EPUB- und PDF-Dateien.

Damit man die geschützten Dateien anschließend auf einen Reader übertragen kann, ist es zwingend erforderlich, gleich nach dem Programmstart seine Adobe ID einzutragen. Andernfalls sind die

Bücher nur auf dem Computer lesbar. Adobe Digital Editions erkennt alle aktuellen Reader, die die Wiedergabe von mit ADEPT geschützten E-Books unterstützen (außer den inzwischen nicht mehr erhältlichen Sony Readern, diese benötigen die ebenfalls mit ADEPT kompatible Software *Reader for PC*).

Was bedeutet DRM?

DRM bezeichnet den digitalen Kopierschutz, der allen E-Books zugrunde liegt. Man unterscheidet hier im Allgemeinen zwischen zwei verschiedenen Konzepten:

Hard-DRM

Bei diesem Kopierschutz werden die Dateien verschlüsselt und sind nur dann lesbar, wenn der Kopierschutz (meist die sogenannte Adobe ID) in der Datei mit der Identität übereinstimmt, die auf dem Lesegerät hinterlegt ist. Damit wird verhindert, dass ein E-Book auf einem anderen Lesegerät als dem eigenen gelesen werden kann.

Soft-DRM

Genau genommen handelt es sich hierbei nicht um einen Kopierschutz, denn solcherlei gesicherte Dateien können problemlos kopiert und auf jedem Gerät gelesen werden, das diesen Dateityp unterstützt. Statt eines Kopierschutzes wird beim Download allerdings eine Signatur eingefügt, ein sogenanntes digitales Wasserzeichen. Darin sind je nach System verschiedene Daten über den ursprünglichen Käufer des Buches gespeichert. Darüber können im Falle einer unerlaubten Weitergabe gegebenenfalls Schadensersatzansprüche seitens des Verlags gegenüber dem Käufer geltend gemacht werden.

Der ADEPT-Kopierschutz wurde bereits 2009 geknackt, im Internet finden sich diverse Anleitungen und Tools, mit denen E-Books von diesem Kopierschutz befreit werden können. Daher an dieser Stelle nochmals der ausdrückliche Hinweis: Die Weitergabe von „gecrackten" E-Books stellt eine Copyright-Verletzung da und kann vonseiten der Verleger zur Anzeige gebracht werden.

Adobe wurde 2013 Opfer eines Hackerangriffs. Dabei wurden die Benutzerdaten und Passwörter vieler Benutzer ausgelesen und im Internet veröffentlicht. Es empfiehlt sich also grundsätzlich, immer unterschiedliche Passwörter für jedes Konto zu verwenden, das man im Internet anlegt, gerade wenn der Benutzername dieses Kontos gleichzeitig Ihre E-Mail-Adresse ist. Wer für den Zugang zu seinen Onlineshops, E-Mail-Accounts und sozialen Netzwerken immer die gleiche Kombination aus E-Mail-Adresse und Passwort verwendet, setzt sich im Falle eines Hackerangriffs einem unkalkulierbaren Risiko aus.

Adobe Digital Editions ist ein Pflichtdownload für alle, die E-Books kaufen oder leihen möchten, allerdings bietet die Software im Vergleich mit anderen Programmen und Apps nur wenige Zusatzfunktionen und Verwaltungsmöglichkeiten. Benutzen Sie in jedem Fall eine neuere Version als 1.7.2. Als die derzeit stabilste und sicherste Version gilt die 2.0.1. Die Versionsnummern ab 4.0 sammeln ungefragt sehr viele Daten über den Benutzer und seine gekauften Bücher und sind daher nur dann zu empfehlen, wenn Sie die Cloud-Funktionen, die seit der Version 4.5 integriert sind, unbedingt benötigen.

Internetadressen

ADE Version 2.0.1: www.adobe.com/support/digitaleditions/downloads.html

ADE Version 4.5 und neuer: www.adobe.com/de/solutions/ebook/digital-editions/download.html

Calibre (für Windows, Linux und OS X)

Egal, ob Sie Einsteiger oder Profi sind: Wer digitale Bücher nutzt, sollte sich die Freeware Calibre unbedingt auf seinen Computer laden. Ursprünglich war dieses nützliche Tool nur als Hilfsprogramm für alle Benutzer eines Sony Readers gedacht, die mit dem freien Betriebssystem Linux auf ihrem Computer arbeiteten.

Es sollte dabei helfen, E-Book-Dateien in Sonys Dateiformat zu konvertieren und auf den Reader zu übertragen. Die Sony Reader sind mittlerweile vom Markt verschwunden, aber Calibre wird konstant weiterentwickelt. Mit dem ursprünglich von Kovid Goyal entwickelten Programm wandeln Sie jede Textdatei in jedes beliebige E-Book-Format, auch Exoten wie MOBI, FB2 oder Amazons AZW werden unterstützt.

Außerdem können Sie damit das Internet nach E-Books durchsuchen, sich Ihre täglich aktualisierten Nachrichten zusammenstellen und auf den Reader übertragen. Auch ein einfacher E-Book-Viewer ist mit an Bord. Damit lassen sich gerade auf Windows-Tablets mit Touchscreen bequem und einfach Bücher lesen.

Leider kann Calibre nicht mit DRM-geschützten Dateien umgehen. Auch das Entfernen des Kopierschutzes – was sowieso nicht erlaubt ist – ist damit nicht möglich. Doch um freie und selbst erstellte E-Books zu verändern, zu verwalten und auf nahezu jedes Endgerät zu übertragen, ist Calibre hervorragend geeignet. Für neue oder bisher nicht unterstützte Systeme werden von freiwilligen Programmierern regelmäßig Erweiterungen, sogenannte Plug-ins, erstellt. Damit können auch Funktionen implementiert werden, die das Programm an sich gar nicht beherrscht. Sogar auf die eigentlich abgeschlossenen iOS-Geräte von Apple können damit Dateien übertragen werden. Dafür muss vorher die App *Marvin* auf dem iPhone oder iPad installiert werden, sie dient sozusagen als Mittler zwischen Calibre und Apples Dateisystem.

Über die integrierte Suchfunktion können Sie nach jedem beliebigen E-Book suchen. Calibre prüft alle kommerziellen und freien Datenbanken und Onlineshops, vergleicht die Preise und findet das gegebenenfalls günstigste Angebot.

Der Funktionsumfang von Calibre wäre ein eigenes Buch wert. Über den *Hilfe*-Button erreichen Sie ein umfangreiches Benutzerhandbuch, das von der OpenSource-Gemeinde, die hinter dem Projekt steht, ständig aktualisiert wird. Wenn Ihnen das Programm eine Hilfe ist, freuen sich die Macher über eine Spende (per Klick auf das Herzsymbol). Darüber hinaus ist der gesamte Funktionsumfang gratis verfügbar.

Internetadresse

http://calibre-eBook.com/

Moon Reader für Android

Der Moon Reader ist das ideale Gegenstück für Calibre-Nutzer, die ihr auf Android basierendes Smartphone oder Tablet mit E-Books versorgen. Das Lesen von E-Books ist damit so komfortabel, wie es nur geht. Es werden die meisten E-Book-Formate (bis auf Amazons AZW) unterstützt.

Die Gratis-Variante des Moon Reader bietet alle wichtigen Komfortfunktionen, blendet dafür allerdings im Menü Werbung ein. Die kostenpflichtige werbefreie Variante bietet zusätzlich die Möglichkeit, sich Bücher via TTS-Technik von einer künstlichen Stimme vorlesen zu lassen. Das ist natürlich nicht mit einem Hörbuch vergleichbar, reicht aber, um sich beispielsweise während einer Autofahrt die Zeit zu vertreiben.

Leider kann auch der Moon Reader keine E-Books öffnen, die mit einer Adobe ID gesichert sind. Somit ist man beim Lesen von DRM-geschützten oder geliehenen E-Books auf die App des jeweiligen Shops oder die Onleihe-App angewiesen.

Internetadresse

www.moondownload.com/

Bluefire für iOS und Android

Das Lesen von E-Books auf dem iPad oder iPhone hat eine lange Tradition. Lange bevor Apple mit iBooks seinen eigenen Shop auf den Weg brachte, konnte man mit Apps wie *textunes* oder *Marvin* auch EPUB- oder PDF-Dateien auf Geräten mit iOS-Betriebssystem lesen. Der Bluefire Reader bietet ähnlich wie die Onleihe-App für iOS die Möglichkeit, digitale Bücher aus dem Bestand der örtlichen Bibliothek auszuleihen. Voraussetzung dafür ist eine Adobe ID und ein Mitgliedsausweis bei der jeweiligen Bibliothek. Darüber hinaus lässt Bluefire aber auch den Import von Dateien zu, die auf dem Computer gespeichert sind und mit der Adobe ID gesichert wurden.

Übertragen werden die Dateien dabei über Apples Software iTunes, die jeder Benutzer eines iPhones oder iPads auf seinem Rechner haben sollte. Wenn Bluefire mit der eigenen Adobe ID aktiviert wurde, schließt man das Gerät per USB an den Computer an und geht anschließend in die Rubrik *Apps*. Über die Option *Dateifreigabe* wählt man schließlich den *Bluefire Reader* als Quelle oder Ziel aus und kann dann EPUB- oder PDF-Dateien vom Computer auf das Gerät übertragen oder umgekehrt.

Auch für Android ist die App erhältlich. Hier funktioniert die Übertragung entsprechend einfacher, denn man überträgt die Dateien über den MTP-Modus (**M**edia **T**ransfer **P**rotocol). Dazu schließen Sie das Smartphone oder Tablet an den PC an. Anschließend wird das Gerät unter Windows oder OS X wie ein USB-Stick angezeigt. Dort wählen Sie anschließend den Ordner *storage/emulated/0/Bluefire/imports* aus und verschieben bzw. kopieren die E-Books dorthin. In der App klicken Sie anschließend auf den Reiter *Info* und dann auf *Importieren*.

Auch wenn der Bluefire Reader in puncto Bedienung nicht besonders viel Komfort bietet, ist er doch die beste Möglichkeit, um seine DRM-geschützten Bücher außerhalb eines Readers zu lesen und sich damit von den Apps der jeweiligen Anbieter unabhängig zu machen. Besonders für die Onleihe bietet er eine alternative Möglichkeit des Zugriffs und der Sicherung. Da die Adobe ID außerhalb der Onleihe immer mehr an Bedeutung verliert und gekaufte Bücher immer seltener damit geschützt werden, wird die App wohl in Zukunft keine große Bedeutung mehr haben.

Internetadresse

www.bluefirereader.com/

Welches Dateiformat ist das beste?

Das ideale E-Book-Format gibt es nicht, denn es hängt stark von den individuellen Anforderungen des jeweiligen Werkes ab. Die Formate EPUB, FB2 und MOBI (auf dem Amazons Format basiert) eignen sich aufgrund ihrer dynamisch anpassbaren Struktur sehr gut für die Darstellung auf mobilen Geräten, da sie sich an die jeweilige Display- und Schriftgröße optimal anpassen, also zum Beispiel Belletristik oder populäres Sachbuch. Auch das Einfügen interaktiver Inhalte wie Video, Audio oder Animationen ist hier problemlos möglich.

Das PDF-Format eignet sich besser für Dokumente, die ein festes Layout haben und auf einem größeren Display dargestellt werden sollen, zum Beispiel für die digitalen Ausgaben von Zeitschriften oder auch für technische Dokumentationen.

Das CBR-Format hingegen wird oft für die Darstellung vieler Bilder wie in Comics oder Graphic Novels verwendet.

Je mehr Formate ein Gerät also unterstützt, desto mehr Anwendungsmöglichkeiten hat man damit. Reader sind meist auf das Lesen von Romanen optimiert, Tablets und Notebooks sind da wesentlich flexibler.

8. Wie komme ich zu meinem eigenen Buch? – Digitales Self-Publishing

Es war noch nie so einfach wie heute, sein eigenes Buch zu publizieren. Noch vor wenigen Jahren musste man als angehender Autor mit seinem Manuskript bei Verlagen hausieren gehen und darauf hoffen, dass ein Verleger bereit war, das Risiko einer geringen Erstauflage zu tragen.

So wären Bestseller wie *Harry Potter* beinahe nie auf den Markt gekommen, denn auch Erfolgsautorinnen wie J.K. Rowling scheiterten jahrelang immer wieder an der Hürde, einen Verlag zu finden. Doch schon bevor es digitale Bücher und damit das Self-Publishing gab, existierten Möglichkeiten, das eigene Buch in gedruckter Form ohne ein großes finanzielles Risiko auf den Markt zu bringen.

Die Erstveröffentlichung als E-Book birgt allerdings in den meisten Fällen keinerlei eigenes finanzielles Risiko und ist eine gute Möglichkeit, das Potenzial des eigenen Werkes zu testen. Mit einer guten Verkaufsstatistik ist es dann um vieles leichter, bei einem der großen Verlage erneut vorstellig zu werden. Als Buchhändler werde ich von Nachwuchsautoren oft zu diesem Thema befragt, daher vorweg ein paar kurze Tipps, bevor wir uns den verschiedenen Anbietern und ihren Vor- und Nachteilen widmen.

Das Thema ist sehr komplex und würde ein eigenes Buch verdienen. Deshalb werde ich an dieser Stelle nur einen kurzen Überblick und Einstieg in die wichtigsten Punkte geben. Eine sehr gute und tief greifende Übersicht zum Thema Self-Publishing finden Sie unter www.selfpublishingbibel.de.

Finden Sie Ihr Genre und Ihr Publikum

Auch wenn es natürlich keine Statistik darüber gibt, so ist eines ziemlich sicher: Der Großteil aller Bücher oder Schriften schafft es nie auf den Markt, sondern verbleibt als sehr persönliches Werk im Privatbesitz des Autors, geschrieben, um nie oder nur von wenigen gelesen zu werden. Wer sich jedoch als Ziel die Veröffentlichung setzt, sollte sich am besten noch vor dem Schreiben genau überlegen, welches Publikum mit dem Buch angesprochen werden soll.

Der Belletristikmarkt ist hart umkämpft, viele etablierte Profiautoren haben die Aufmerksamkeit des Publikums fest im Griff. Um aus dieser Masse herauszustechen, sollte das eigene Werk ein Alleinstellungsmerkmal oder einen regionalen Bezug haben. Wenn Sie zum Beispiel eine gute Idee für einen Krimi haben, siedeln Sie die Handlung möglichst in Ihrer lokalen Umgebung an. So können Sie das Werk auch persönlich im Handel bewerben und machen es für die Leser vor Ort interessanter als manch anderen Titel. Damit hat das Buch per Mundpropaganda die besten Chancen, auch über die Region hinaus bekannt zu werden.

Wenn Sie ein Sachbuch schreiben möchten, prüfen Sie im Vorfeld, ob überhaupt Bedarf für Literatur zu diesem Thema besteht. Eine Nachfrage bei Ihrem Buchhändler und eine Internetrecherche sind hier die ersten Schritte. Übrigens suchen viele Sach- und Fachbuchverlage häufig Autoren zu ganz bestimmten Titeln. So ist auch dieses Buch entstanden. Auch hier kann Ihnen Ihr Buchhändler vor Ort dabei helfen, Verlage zu finden, die Interesse an einer Veröffentlichung Ihres Werkes haben könnten. Art und Umfang des Buches können dann gemeinsam erarbeitet und festgelegt werden.

Erstellen Sie ein professionelles Manuskript

Der kürzlich verstorbene Günter Grass tippte jeden seiner Erfolgsromane auf einer alten Schreibmaschine und schickte das so entstandene Manuskript an seinen Verleger, der es dann anschließend digitalisieren ließ. Diese Methode ist heute natürlich vollständig überholt. Um dem Lektor bzw. dem Programmchef eines Verlags die Sache so einfach wie möglich zu machen, sollte man sein Manuskript im Word- oder im OpenOffice-Format speichern und versenden.

Self-Publishing bedeutet zumeist, dass die hochgeladenen Manuskripte direkt als E-Book bereitgestellt und gekauft werden können. Ob eine vorhergehende Kontrolle oder gar eine echte Lektorierung erfolgt, hängt vom Anbieter ab. Ideal ist es, das E-Book in einer bereits annähernd optimalen Form hochzuladen. Es gibt Dienstleister, die eine solche Konvertierung für maximal 150 Euro erledigen. Die meisten Self-Publishing-Plattformen bietet diesen Service in einer Art Komplettpaket ebenfalls an.

Für technisch versierte Autoren empfehlen sich die Freeware-Programme Calibre und Jutoh.

Calibre konvertiert, wie bereits im vorherigen Kapitel beschrieben, fast jede beliebige Textdatei in ein E-Book-Format Ihrer Wahl. Ist das Ausgangsmaterial allerdings fehlerbehaftet, korrigiert Calibre diese Mängel nicht, sondern erstellt eine lesbare, aber nicht unbedingt professionell wirkende Datei. Spätestens der zahlende Kunde könnte mit dem Ergebnis unzufrieden sein.

Besser, aber auch aufwendiger, ist die mächtige Authoring-Software Jutoh. Die Bedienung geht auch einem Anfänger ziemlich leicht von der Hand. Erfahrungen im Umgang mit Textverarbeitungsprogrammen wie Microsoft Office oder OpenOffice sollten Sie aber definitiv haben.

Gerade bei Belletristik liegt die Formatierung des Textes in Ihrem eigenen kreativen Ermessen. Bei Sachbüchern sind eine klare Struktur, ein Inhaltsverzeichnis und eine übersichtliche, illustrierte Darstellung wichtig. Vermeiden Sie „Bleiwüsten“, also sehr lange, reine Textabschnitte, die den Leser ermüden.

Lockern Sie den Lesefluss mit Absätzen und – je nach Thema – mit grafischen Stilmitteln wie Infokästen oder kleinen Diagrammen auf. Je nach eigenem Talent sollten Sie die Hilfe eines Grafikers zurate ziehen. Wenn Sie im Auftrag eines Verlags tätig sind, übernimmt dieser meist die endgültige Gestaltung.

Internetadressen

http://calibre-ebook.com/

www.jutoh.com

Lassen Sie Ihr E-Book-Manuskript korrigieren

Das Korrekturlesen eines Manuskriptes ist besonders dann wichtig, wenn Sie einen Self-Publishing-Anbieter ohne eigenes Lektorat wählen.

Hierbei ist es nicht von entscheidender Bedeutung, einen professionellen Lektor zu beauftragen. Besonders bei Belletristik sollten Sie als Erstes Familienmitglieder und Freunde darum bitten, das Manuskript inhaltlich und orthografisch zu überprüfen. Konstruktive Kritik sollten Sie hierbei ernst nehmen und darauf eingehen, denn jetzt ist noch die Gelegenheit, Änderungen vorzunehmen und logische Fehler zu korrigieren, über die Ihre zahlenden Leser später nicht mehr stolpern werden.

Bei einem Sachthema sollten Sie sich möglichst einen fachkundigen Testleser suchen. Nur so können eventuelle Denk- oder Recherchefehler vor der Veröffentlichung entdeckt und beseitigt werden. Lassen Sie möglichst das fertig bearbeitete Manuskript Korrektur lesen. Damit wird dann nicht nur der Text, sondern auch die Gestaltung auf eine letzte entscheidende Probe gestellt.

Drucken Sie hierfür das Manuskript aus und übergeben Sie es nicht als Datei, sondern in einem Schnellhefter oder Ordner. In einem gedruckten Dokument erkennt man Fehler wesentlich besser und schneller als in einer digitalen Version. Und trotz der vielen Vorteile eines E-Books können Anmerkungen und Korrekturen auf Papier immer noch am einfachsten eingetragen und markiert werden.

Gestalten Sie einen professionellen Umschlag und Klappentext

Auch wenn ein E-Book als Datei natürlich keinen echten Umschlag braucht, ist er sozusagen die Visitenkarte jedes Buches.

Ein prägnantes Cover und ein damit verknüpfter, aussagekräftiger Klappentext sind auch bei E-Books kaufentscheidend. Die meisten Leser gehen beim Stöbern nach neuen Büchern zuerst nach der Optik, egal ob im Laden oder im Internet. Hier gilt: Weniger ist mehr. Gestalten Sie bei Belletristik den Titel möglichst groß und prägnant. Ihr eigener Name sollte dabei nicht allzu viel Platz einnehmen.

Gestalten Sie das Coverbild am besten selbst oder lassen Sie es für diesen Zweck von einem Profi erstellen. Verwenden Sie ausschließlich Bilder oder Fotos von gemeinfreien Quellen aus dem Internet oder kaufen Sie Bilder bei entsprechenden Anbietern wie etwa fotolia.com. Die Verletzung eines Copyrights kann gerade bei heruntergeladenen Illustrationen schnell sehr teuer werden!

Wenn Sie die Aufmerksamkeit Ihrer Leser mit dem richtigen Titel und dem passenden Umschlagbild geweckt haben, gilt es, den Inhalt schnell und dem Genre entsprechend mit dem sogenannten Klappentext zu vermitteln. Stellen Sie bei Belletristik den Unterhaltungswert in den Vordergrund und spielen Sie bereits hier mit den Erwartungen des Lesers. Bei Sachbüchern gehen Sie mehr auf den Inhalt und die Intention des Werkes ein.

Negativbeispiel für einen Krimi:

„In Berlin wird in einem Park eine verunstaltete Leiche gefunden. Kommissar Schmitt und sein Team ermitteln an einer Schule und stoßen dabei auf Ungereimtheiten."

Positivbeispiel für einen Krimi:

„Kommissar Schmitt brauchte nur einen Blick auf die übel zugerichtete Leiche zu werfen, um zu wissen, dass dieser Fall alles andere als Routine werden würde. Denn dieser Mord war offensichtlich nicht aus Habgier oder aus Liebe begangen worden. Er trug die Handschrift eines gnadenlosen Racheaktes. Und als Schmitt das blutige Tattoo auf der Brust des Opfers sah, wusste er leider nur zu genau, wo in Neukölln er seine Suche nach dem Täter beginnen musste …"

Negativbeispiel für ein Sachbuch:

„Sachbuch über den Bau und die Bedienung von Modellhubschraubern. Inklusive Marktübersicht und Kaufberatung."

Positivbeispiel für ein Sachbuch:

„Der Autor bietet einen leichten Einstieg in die faszinierende Welt der Modellhubschrauber. Erfahren Sie, welches Gerät für Sie das richtige ist und was Sie für den Start in dieses faszinierende Hobby benötigen. Mit vielen Schritt-für-Schritt-Anleitungen, den neuesten Typen und praktischen Tipps für Bedienung und Steuerung."

Sowohl den Umschlag als auch den Klappentext können Sie mit der Authoring-Software Jutoh in Ihr E-Book integrieren.

Das Impressum nicht vergessen

Laut deutschem Presserecht sind auch E-Books „Druckwerke". Das bedeutet, die folgenden Angaben sind bei den meisten Anbietern eine Grundvoraussetzung dafür, dass Bücher veröffentlicht werden können:

- Name (oder Firma) und Anschrift des Verlags, Verfassers oder Herausgebers
- Name (oder Firma) und Anschrift des Druckers bzw. E-Book-Herstellers

Alle anderen Angaben wie Umschlaggestaltung oder Lektorat sind freiwillig und können nach eigenem Ermessen eingegeben werden. Nur wenn diese grundlegenden Angaben vorliegen, bekommt das Buch eine ISBN-Nummer und ist damit weltweit im Handel auffindbar. Eine Ausnahme bildet hier Amazon. Die E-Books in deren Self-Publishing-Verlag sind nur über Amazons Kindle Shop auffindbar und bekommen zumeist nur interne Nummern. Deswegen fallen sie nicht unter das deutsche Presserecht und benötigen nicht zwingend ein Impressum.

Suchen Sie sich den passenden Anbieter

Vor dem Durchbruch des digitalen Lesens bot lediglich die Firma BoD (Books on Demand) die Möglichkeit, das eigene Werk auf Abruf zur Verfügung zu stellen. Heute kann man aus einer Vielzahl von Anbietern wählen, die neben der Veröffentlichung auch für die entsprechende Community sorgen, um den Titel möglichst gut verkaufen zu können. Bei so gut wie allen ist das Veröffentlichen von E-Books gratis, auch eine ISBN wird bei allen Anbietern (außer Amazon) automatisch vergeben.

Auch die Weiterleitung eines Referenzexemplars an die Deutsche Nationalbibliothek, eine Grundvoraussetzung für eine Veröffentlichung, ist obligatorisch (außer bei Amazon). Premium-Leistungen wie Lektorat, professionelle Konvertierung und prominente Platzierung im eigenen bzw. in Partnershops kosten extra. Als Marge, also reine Gewinnspanne für Sie als Autor, erhalten Sie meist bis zu 70 Prozent pro Exemplar vom Nettoverkaufspreis. Die wichtigsten Anbieter finden Sie nachfolgend in einer kurzen Übersicht.

Händler als Verlage – Tolino und Amazon

Als Verbund der großen stationären Buchhandelsketten bietet Tolino unter der Marke „Tolino media" eine eigene Self-Publishing-Plattform an. Sie bestimmen dabei den Preis Ihres Buches selbst und erhalten vom Nettoverkaufspreis (also ohne Mehrwertsteuer) 70 Prozent als Honorar. Die eingereichte Datei wird nach dem Upload in eine gültige EPUB-Datei umgewandelt. Die Erstellung der Metadaten, die benötigt werden, damit interessierte Leser Ihr Buch später auch in den Onlineshops finden können, ist ebenso inklusive wie die Vergabe einer ISBN-Nummer. Diese ist allerdings an den exklusiven Vertrieb innerhalb des Tolino-media-Verbundes gekoppelt.

Mit „tolino media services" wird Ihnen auf Wunsch dabei geholfen, Ihr Buch in eine professionelle Form zu bringen. Auch das Erstellen gedruckter Versionen als Autorenexemplare wird angeboten. Der

Preis für diese Dienstleistung hängt vom Arbeitsaufwand und dem Umfang der gewünschten Leistungen ab.

KDP (**K**indle **D**irect **P**ublishing) von Amazon ist das entsprechende Angebot des Onlinehändlers zu sehr ähnlichen Konditionen. Auch hier verbleiben 70 Prozent des Nettopreises beim Autor, im unteren Preissegment bis 2,99 Euro sind es allerdings nur 35 Prozent. Ansonsten fallen keinerlei Gebühren an. Die Konvertierung der bestenfalls im MOBI-Format eingereichten Datei ins Kindle-eigene AZW-Format wird ebenso übernommen wie die Erstellung der Metadaten.

Sie behalten als Autor bei beiden Anbietern alle Rechte an Ihrem Werk. Eine Ausnahme ist das Amazon-Select-Programm, bei dem Sie die Vertriebsrechte exklusiv an Amazon abgeben. Dafür wird Ihr Buch auch auf der Plattform „Kindle Unlimited", einer E-Book-Flatrate nur für Amazon-Kunden, angeboten und generiert auch darüber für Sie einen Ertrag.

Fazit: Starten Sie bei einem der beiden Anbieter kostenlos und ohne Risiko in Ihre neue Rolle als Autor. Der Kundenstamm beider Systeme ist riesig, und die sogenannten Indie-Autoren werden meist besonders prominent beworben und präsentiert. Leider erreichen Sie jeweils nur maximal 50 Prozent aller E-Book-Leser, wenn Sie sich für einen der beiden Anbieter entscheiden.

Für Amazon spricht, dass es nur eine Stelle gibt, an der Rezensionen zu Ihrem Werk eingesehen werden können. Bei Tolino gibt es keinen einheitlichen Shop, denn jeder der angeschlossenen Filialisten hat sein eigenes Onlineangebot mit jeweils eigenen Rezensionssystemen. Das macht es schwerer, die Kunden von der Qualität des eigenen Werkes zu überzeugen.

Für Tolino spricht, dass Ihr Buch theoretisch auch über den stationären Handel auffindbar ist, über den noch immer die meisten Bücher verkauft werden. Konzepte, E-Books in den Läden der teilnehmenden Buchhändler abzubilden, sind allerdings gerade erst im Entstehen.

Internetadressen

www.tolino-media.de

https://kdp.amazon.com

E-Book, Buch oder beides – BoD und epubli

Das Konzept hinter BoD (Books on Demand) stammt bereits aus den 1990er Jahren. Die Idee war, Bücher in elektronischer Form zu speichern, erst auf Abruf zu drucken und somit die Kosten für eine riskante Erstauflage zu umgehen. Die Zielgruppe waren kleine Verlage, aber auch von Anfang an unabhängige Autoren. Da BoD eine 100-prozentige Tochter des Buchgroßhändlers Libri ist, waren alle BoD-Titel in dessen weitverbreiteten Katalogen und Datenbanken verzeichnet.

Heute kann der Anbieter auf eine bereits 15-jährige Erfahrung im eigentlich noch sehr jungen Self-Publishing-Geschäft zurückgreifen. Sie können bei BoD Ihr Buch in gedruckter Form als Print-on-Demand anbieten, aber natürlich auch als reines E-Book. Dabei können Sie auch hier entscheiden, ob Sie das Buch ausschließlich in Eigenregie erstellen oder einen kostenpflichtigen Lektoratsservice in Anspruch nehmen möchten. Die Erstellung eines E-Books für den Eigengebrauch ist ebenso wie die Veröffentlichung in den großen

Shops inklusive ISBN-Vergabe kostenlos, Sie erhalten 70 Prozent des Nettoverkaufspreises.

epubli verfolgt einen sehr ähnlichen Ansatz wie BoD, setzt allerdings noch etwas mehr auf das einfache Self-Publishing. So ist mit den Werkzeugen auf der Seite schnell und unkompliziert das eigene E-Book generiert. Im Gegensatz zu BoD ist allerdings bereits die Veröffentlichung als E-Book nur gegen Gebühr möglich. Dafür sind die Premium-Leistungen wie professionelles Lektorat und Gestaltung günstiger. Der Service, das Buch auch in gedruckter Form zu bekommen, ist in puncto Auswahl ebenfalls mit dem Angebot von BoD vergleichbar.

Fazit: Wenn Sie Ihr E-Book unabhängig von den beiden „Händlerwelten" und mit der Option auf den Vertrieb als gedrucktes Buch veröffentlichen möchten, sind diese beiden Anbieter für Sie eine interessante Alternative. Wenn das Manuskript bereits in professioneller Form vorliegt, haben Sie mit BoD den besten Partner für die unkomplizierte Veröffentlichung. Wenn das Buch erst noch in Form gebracht werden muss, ist epubli mit den günstigeren Premium-Angeboten die bessere Wahl.

Internetadressen

www.bod.de

www.epubli.de

Ihr E-Book einfach überall – BookRix und neobooks

Diese beiden Anbieter stehen stellvertretend für eine ganze Reihe von Self-Publishing-Plattformen, die sich auf die Veröffentlichung von E-Books spezialisiert haben. Die Konditionen und Services sind mit BoD und epubli vergleichbar. Eine Veröffentlichung in gedruckter Form ist hier allerdings nicht vorgesehen.

Internetadressen

www.bookrix.de

www.neobooks.de

9. Was bringt die Zukunft? – Farbiger, interaktiver, größer

Foto: Weinert Photography.

In den letzten acht Jahren war die noch junge E-Reading-Branche von ständiger Innovation geprägt. Ob es nun neue Geräte waren, neue Shopsysteme oder neue Ansätze: Die Hersteller und Anbieter überschlugen sich alljährlich fast damit, den Kunden noch mehr Auswahl und noch mehr Komfort anzubieten. 2015 gab es erstmals Anzeichen dafür, dass die Branche langsam etwas zur Ruhe kommt. Die bestehende Technik ist annähernd ausgereizt und die ersten Vertriebssysteme sind bereits wieder auf dem Rückzug.

Doch das bedeutet nicht das immer wieder beschworene Ende des digitalen Buches, das trotz des großen Erfolgs der letzten Jahre immer mal wieder kolportiert wird. Es bedeutet lediglich, dass die

Dynamik gerade beim Geräteverkauf stagniert, vielleicht sogar abnimmt. Denn viele Leser sind mit ihrem Reader zufrieden und sehen keine Veranlassung, jedes Jahr ein neues Gerät zu kaufen, zumal die neuen Geräte nur noch im Detail interessante Innovationen bieten.

So dominieren die beiden Anbieter Tolino und Amazon den deutschen E-Book-Markt mit sehr ähnlichen Readern. Kaum eines der 2015 erschienenen Geräte bietet etwas wirklich Neues, vielmehr wurde Bestehendes verbessert und dem Wunsch der Kunden nach mehr Komfort und einfacherer Bedienung entsprochen. Daher fällt der Blick in die Glaskugel nicht leicht. Doch einiges zeichnet sich (teilweise schon seit Langem) ab und wird in den nächsten Jahren für neue Impulse sorgen.

Formate und Kopierschutz

Das EPUB-Format hat sich schon seit Längerem als Industriestandard für die Veröffentlichung von E-Books in Europa und Nordamerika durchgesetzt. In der mittlerweile dritten Ausbaustufe namens EPUB3 erlaubt das Format auch das Einfügen und Wiedergeben interaktiver Inhalte wie Musik, Videos oder Links. Noch fehlt es an entsprechend aufbereiteten Inhalten und auch den Geräten, um diese Möglichkeiten wirklich auszuschöpfen.

Doch trotz der Konkurrenz durch Amazons MOBI-Format, das in seiner neuesten Version AZW3 ähnliche Fähigkeiten besitzt, wird EPUB aufgrund seiner Verbreitung und der einfachen Authoring-Möglichkeiten für alle offenen Anbieter von digitalen Büchern das Maß aller Dinge bleiben.

Leider brachte auch 2015 nicht die komplette Abkehr vom Hard-DRM in Form der Adobe ID als gerätegebundenem Kopierschutz. Mit der Ankündigung von Random House, künftig nur noch auf Soft-DRM in Form eines Wasserzeichens zu setzen, wurde aber ein wichtiger Schritt in die richtige Richtung gemacht. Ähnlich wie in der Musikindustrie, deren Kopierschutzpolitik fast den Untergang der Branche brachte, während die Raubkopierer sich fröhlich bedienten, wird auch der digitale Buchmarkt erst dann richtig durchstarten können, wenn die Gängelung des Endkunden mit komplizierten und geschlossenen Systemen gänzlich abgeschafft wird.

Heute bieten alle großen Musiklabel ihre Songs nur mit Soft-DRM geschützt zum direkten Download an oder profitieren von Streaming-Anbietern, die auf dem besten Wege sind, das Radio als Verbreitungsmedium Nummer 1 abzulösen. Bis der Buchmarkt sich dahin entwickelt, wird es wohl noch einige Zeit dauern, zumal Anbieter wie die Onleihe für ihr derzeitiges Geschäftsmodell auf die Adobe ID angewiesen sind und damit auch ihre Kunden.

Auf der anderen Seite werden Bücher von Independent-Autoren von Self-Publishing-Anbietern fast immer ohne Kopierschutz in die Shops gestellt. Eine Entwicklung, die zusammen mit dem Wandel hin zum Soft-DRM bei den großen Publikumsverlagen optimistisch stimmt.

Vertriebskonzepte und Rechte

Noch vor einem Jahr ließ das Flatrate-Konzept den Buchmarkt aufhorchen: Bücher zum monatlichen Festpreis lesen, so viel, wie man möchte, und so lange, wie man möchte. Vielleser rieben sich die Hände und freuten sich auf goldene Zeiten.

Buchliebhaber hingegen sahen ihr liebstes Medium einem Werteverfall ausgesetzt und wendeten sich mit Schrecken ab. Und die Verlage waren hin- und hergerissen zwischen einer neuen, lukrativen Vertriebsmöglichkeit und der Unterminierung des Buchverkaufs, der natürlich nach wie vor das Kerngeschäft darstellt. Zudem ließ sich das deutsche Buchpreisbindungsgesetz nur schwer mit einem solchen Ansatz vereinbaren.

In den USA war man hier schon weiter. Die dortigen Verlage, von Self-Publishing-Anbietern um vieles mehr in Bedrängnis gebracht als die Verleger hierzulande, setzten nur zu gern auf den neuen Vertriebsweg und stellten ihre Bücher Anbietern wie Oyster oder Kindle Unlimited gegen eine entsprechende, monatliche Lizenzentlohnung zur Verfügung. In Deutschland nahmen die Verlage den Ansatz selbst auf und gründeten ihre eigenen Flatrate-Anbieter (siehe Kapitel 5). Eine Zeit lang schien das Konzept auch aufzugehen.

Doch inzwischen ist klar: Die Kalkulation ging nicht auf! Zu viele Vielleser stehen zu wenigen Durchschnitts- oder Weniglesern gegenüber. Die Angebote wurden von einigen Kunden schlicht zu gern und zu ausführlich genutzt. Heute findet man bei Skoobe nur noch wenige Neuheiten der teilnehmenden Verlage. Und Oyster, eigentlich mit hochtrabenden Expansionsplänen auch in Deutschland gestartet, wurde inzwischen wieder abgewickelt.

Aus meiner Sicht hat nur ein Anbieter aufgrund seines breit aufgestellten Sortiments und der entsprechenden Mischkalkulation die finanziellen und auch die technischen Möglichkeiten, sein Flatrate-Konzept aufrechtzuerhalten: Kindle Unlimited von Amazon. Doch wenn man dem Branchengeflüster glauben darf, ist auch deren Modell wirtschaftlich nicht erfolgreich und dient in erster Linie als Marketing-Modell für das eigene Closed-Shop-System. Dass hierzulande die Titel der großen Verlage nicht vertreten sind, macht das Angebot für Nutzer, die deutsche Bücher lesen wollen, allerdings wenig attraktiv.

Wahrscheinlich werden sich Flatrates auf dem hiesigen Markt auch deswegen nicht durchsetzen weil der deutsche Buchmarkt eine zu hohe Qualität und einen zu hohen Anspruch hat, sowohl was das

Niveau der Titel als auch deren Käufer angeht. Leser hierzulande wollen Bücher besitzen, auch die Art von Unterhaltungsliteratur, die in den USA nur konsumiert und wieder vergessen wird.

Erst langsam gewöhnen sich die deutschen Buchkäufer daran, Bücher nicht immer ins Regal zu stellen, sondern sie sorgfältig gesichert digital abzuspeichern. Ein Flatrate-Angebot untergräbt dieses Eigentumsbedürfnis und widerspricht damit dem gängigen Kaufverhalten.

E-Books werden günstiger!

Der Schwerpunkt wird hierzulande weiterhin beim Kauf von E-Books liegen. Die Konzentration des Marktes, die gerade rund um die beiden Anbieter Tolino und Amazon passiert, ist hierbei von entscheidender Bedeutung. Denn je weniger Anbieter bedient werden müssen, desto weniger individuelle Anpassungen und Verhandlungen sind seitens der Verlage nötig.

Gleichzeitig werden auch die automatisierten Methoden, um Manuskripte in dynamische EPUB-Dateien zu konvertieren, immer besser. Denn was E-Books die letzten Jahre davon abhielt, signifikant günstiger zu sein als ihre gedruckten Pendants, waren der hohe Konvertierungsaufwand und die Kosten für die digitale Bereitstellung, so auch die Lizenzkosten für Adobes Hard-DRM.

Mit dem Wegfall der Adobe ID und der Konzentration auf einige wenige Anbieter sinken also auch die Kosten für die Verleger. Wann der Markt diese dazu bewegen wird, die Ersparnis spürbar an den Endkunden weiterzugeben, ist schwer abzuschätzen. Denn es liegt natürlich auch im Interesse der Verlage, den Preisunterschied zwischen E-Books und gedruckten Büchern nicht zu groß werden zu lassen, um dem lokalen Buchverkauf, nach wie vor das Kerngeschäft, mit dem eigenen digitalen Angebot nicht zu sehr zu schaden.

Erst wenn der lokale Kauf eines digitalen Buches mit direkter Übertragung auf den eigenen Reader genauso unkompliziert und komfortabel funktioniert wie der Barkauf eines gedruckten Buches in der Buchhandlung um die Ecke, wird hier ein Umdenken stattfinden.

Erste Ansätze und Konzepte hierzu existieren bereits, doch bis wir unseren Reader auf den Kassentresen legen und er drahtlos mit dem soeben gekauften E-Book versorgt wird, das wir gerade bei unserem Buchhändler gezahlt haben, wird wohl noch einige Zeit vergehen.

Mein E-Book – mein Eigentum?

Egal, wo Sie Ihre digitalen Bücher beziehen, es gibt einen entscheidenden Unterschied zum gedruckten Buch, der für viele Leser immer noch das größte Hindernis bei der Überlegung darstellt, in Zukunft E-Books zu kaufen: Sie erwerben nur ein Nutzungsrecht an dem Titel, aber kein Eigentum in Form einer frei verfügbaren Kopie. Zwar können Sie bei allen Anbietern (außer Amazon) Ihre erworbenen Titel auch auf Ihrem Computer oder einem USB-Stick sichern und somit theoretisch auch noch in 50 Jahren lesen.

Doch Sie haben nicht das Recht, das Buch zu verleihen oder weiterzuverkaufen. Auch die Rückgabe eines gekauften E-Books, laut Fernabsatzgesetz bei Onlinekäufen immer Ihr gutes Recht, ist nicht möglich. Denn die AGBs aller Anbieter wurden dahingehend geändert, dass Sie sich mit dem Kauf damit einverstanden erklären, auf dieses Rückgaberecht zu verzichten.

Die Problematik liegt hier natürlich in der Tatsache, dass bei der Weitergabe, Rückgabe oder dem Verkauf eines E-Books kein materieller Gegenstand „bewegt“ wird, sondern nur eine beliebig oft kopierbare Datei. Die einzige Möglichkeit, die Übertragung oder Erweiterung des Nutzungsrechts ohne Verletzung von Copyright-Ansprüchen zu gewährleisten, wäre eine zentrale Lizenzverwaltung. Ein Konzept wie die Adobe ID, von dem sich die Branche gerade verabschiedet.

Es wird also auch in Zukunft nicht möglich sein, über das Eigentum an einem gekauften E-Book in gleichem Maße zu verfügen wie bei einem gedruckten Buch. Eine Ausnahme stellt hier mal wieder Amazon dar, deren Closed-Shop-System die Weitergabe von Lizenzen technisch ermöglicht und die genau dies ihren Kunden schon vor Jahren in Aussicht gestellt haben. Bisher ist es allerdings noch nicht dazu gekommen.

Geräte und Apps

Auch wenn Reader mit elektronischer Tinte im Moment als beste Möglichkeit gelten, um digitale Bücher zu lesen, haben sie nicht den größten Marktanteil, was Lesegeräte angeht. Die meisten nutzen mehrere Geräte parallel. Laut den neuesten Marktforschungszahlen lesen etwa 40 Prozent aller Befragten ihre Bücher immer noch am Laptop oder PC, etwa genauso viele nutzen das Smartphone zum Lesen. Etwa 30 Prozent nutzen einen Reader, und nur jeder Fünfte zieht ein Tablet als Lesegerät vor. Im Vergleich zu den Vorjahren bleibt der Marktanteil von Laptop und PC weitgehend stabil, während nach Jahren des Wachstums die Absätze sowohl bei den Readern als auch bei den Tablets stagnieren und stattdessen das Smartphone immer mehr Anteile gewinnt. Was bedeuten diese Zahlen für die zukünftigen Geräte?

Größer, flexibler, farbig?

Auch wenn Reader dank der E-Ink-Technik als Lesegeräte einen großen Vorteil gegenüber allen anderen Geräten haben, handelt es sich um ein weiteres Gerät, das zusätzlich zum meist vorhandenen Smartphone erworben und auch mitgenommen werden muss.

Noch vor zwei Jahren war das Smartphone wegen der kleinen Displaygröße trotzdem keine besonders gute Alternative zum Reader.

Doch seit Geräte wie das Galaxy Note von Samsung und dessen Nachfolger bzw. Mitbewerber beinahe 6 Zoll große Bildschirme aufweisen und dank AMOLED oder IPS-Displays auch eine relativ gute Lesbarkeit in der Sonne bieten, werden auch wieder mehr Bücher auf ihnen gelesen. Dafür nehmen die Nutzer die niedrigeren Akkulaufzeiten offenbar in Kauf. Aus diesem Grund haben es derzeit auch die einstmals gehypten Tablets immer schwerer, ihr Publikum zu finden, denn mit einem entsprechend großen Smartphone, auch Phablet genannt, wird die Anschaffung eines weiteren größeren Multimedia-Gerätes unter Umständen überflüssig.

Die durchschnittlichen Nutzer wünschen sich also ein Gerät für alles, mit flexiblen Einsatzmöglichkeiten, großem Display, langen Akkulaufzeiten und voller Flexibilität bei der Wahl des Shops, in dem sie ihre Bücher einkaufen können.

Vielleser, denen das Smartphone als Reader zu viele Kompromisse abfordert, erhoffen sich von künftigen Geräten vor allem ein größeres E-Ink-Display, freie Auswahl bei den Shops und eine komfortable und gleichzeitig einfache Bedienung.

Da sich der Markt zumeist an den durchschnittlichen Anforderungen orientiert, werden wir in naher Zukunft keine neuen Geräte mit größeren Display-Diagonalen erwarten können. E-Ink-Reader wie der Kobo Aura H2O mit 6,8-Zoll- oder der Bookeen Ocean mit 8-Zoll-Display werden also (erst mal) Nischenprodukte bleiben.

Stattdessen werden die bestehenden Geräte weiter verbessert und nur eine behutsame Modellpflege betrieben, die vor allem auch Neukunden den Einstieg erleichtern soll. Somit werden Reader leichter, einfacher zu bedienen und immer flexibler, was ihre technischen

Möglichkeiten angeht. Bis auf kleinere, innovative Komfortfunktionen (beispielsweise PressPage beim Kindle Voyage oder Tab2Flip beim Tolino Vision) dürften sich die technischen Innovationen also auch bei der nächsten Generation wohl in Grenzen halten.

Die derzeitigen Verkaufsprognosen legen außerdem eine gewisse Sättigung des Reader-Marktes nahe. Solange die Hersteller bis auf schärfere Displays und schnellere Prozessoren keine technischen Neuheiten anbieten können, werden die meisten Käufer wohl bei ihrem bisherigen Gerät bleiben und keine Veranlassung zum Neukauf sehen. Ob und wann es also wegen großer, technischer Innovationen einen erneuten Geräte-Boom wie zwischen 2012 und 2013 geben wird, ist unklar.

Den nächsten großen Sprung werden wahrscheinlich Geräte mit farbiger Darstellung und kürzeren Schaltzeiten darstellen. Die Firma E-Ink hat in Zusammenarbeit mit PocketBook bereits 2013 den Color Lux auf den Markt gebracht, ein Gerät mit Color-E-Ink und 4.096 darstellbaren Farben. Mit Blick auf die sehr langsamen Schaltzeiten und die Tatsache, dass man für eine fotorealistische Darstellung mindestens 16 Millionen Farben benötigt, war das System allerdings eher eine Machbarkeitsstudie.

Unter dem Namen Mirasol wird von der Firma Qualcomm bereits seit Jahren an einer ähnlichen Technik gearbeitet, aber bis auf einige Prototypen hatte bis 2013 kein Gerät die Labore verlassen. Inzwischen konzentriert sich Mirasol auf die Herstellung von farbigen Displays für Smartwatches, also kleinen Computern fürs Handgelenk. Welcher Hersteller letztendlich mit farbiger elektronischer Tinte auf den Markt kommen wird und in welcher Form, ist noch nicht absehbar.

Foto: Yota Devices.

Einen interessanten Ansatz zur Verbindung von LCD und E-Ink verfolgt der russische Hersteller Yota Devices mit dem YotaPhone, das mittlerweile in der zweiten Generation auf dem Markt ist. Das Smartphone ist technisch eher in der Mittelklasse angesiedelt, bietet aber zusätzlich zum LCD-Bildschirm auf der Vorderseite einen E-Ink-Bildschirm auf der Rückseite. So kann der Nutzer zwischen der bunten Multimedia-Darstellung und dem stromsparenden Lesemodus wählen. Ob das Konzept sich angesichts des vergleichsweise hohen Preises durchsetzt, ist noch nicht klar. Doch es steht fest, dass die Hersteller alles daransetzen, die Leseeigenschaften von Smartphones zu verbessern und den Readern damit noch mehr Marktanteile abzunehmen.

Mittelfristig (10–15 Jahre) werden Smartphone, Tablet und Reader zusammenwachsen, und neue Formen von Smart Devices mit flexiblen, brillanten Displays und erheblich längerer Akkulaufzeit werden den Markt beherrschen.

Langfristig (20–50 Jahre) ist es sogar vorstellbar, über sogenannte HUD-Displays, die in Brillen oder Kontaktlinsen eingearbeitet sind, den digitalen Alltag zu bestreiten. Das Lesen von Büchern würde auf diese Weise ähnlich gegenstandslos und virtuell funktionieren wie das Surfen im Internet oder unsere Kommunikation im Allgemeinen. Doch das ist noch weit entfernte Zukunftsmusik.

Aus jetziger Sicht ist meine klare Empfehlung für das digitale Lesen ein Reader mit elektronischer Tinte. Ob diese Geräte im Zuge der technischen Entwicklung in absehbarer Zeit vom Markt verschwinden werden oder aufgrund neuer, interessanter Funktionen wieder an Boden gewinnen, ist leider nur sehr schwer abzuschätzen.

Ich bin allerdings der Ansicht, dass ein Roman nach heutigem Stand der Technik nur auf einem Reader richtig dargestellt werden kann. Mag das Smartphone auch den MP3-Player und die Digitalkamera ersetzen und den Fernseher zum bloßen Monitor degradieren, aber für mich hat das Lesen eines Buches, wenn schon papierlos, immer noch einen anderen Stellenwert als der Konsum meiner sonstigen Medien. Dafür bin ich gern bereit, ein weiteres Gerät mit in den Urlaub oder auf Geschäftsreise zu nehmen. Aber letztendlich muss das jeder für sich selbst entscheiden.

Cloud-Reading immer und überall

Da derzeit, wie bereits dargelegt, ein Großteil aller E-Books immer noch auf Laptops und Smartphones gelesen wird, haben die Anbieter natürlich ein großes Interesse daran, ihre Webreader und Apps so gut wie möglich zu präsentieren. Außerdem sind sie auch die beste Methode, um die Kunden an den eigenen Shop zu binden.

Dabei wird leider gleichzeitig der freie Ansatz untergraben, den viele Anbieter als Argument gegen Amazons Kindle anbringen. Denn der Upload in die jeweiligen Clouds ist meistens recht komfortabel möglich. Der Download von Werken, die im Shop gekauft wurden, erfordert leider meist wieder die Adobe ID.

Wer sich also in Zukunft für einen Anbieter oder ein Konzept als Quelle für seine digitalen Bücher entscheidet, sollte sich vorher genau informieren, ob die eigenen Ansprüche in puncto Flexibilität und Verfügbarkeit erfüllt werden.

Die Zukunft der großen Anbieter

Tendenziell sehe ich bei Amazon die Entwicklung, das selbst die Werke der eigenen Independent-Autoren nur noch kopiergeschützt zum Download bereitgestellt werden, da deren Geschäftsmodell keinen Nutzen darin sieht, Werke auf anderen Geräten als den eigenen zugänglich zu machen. Der „goldene Käfig", in den Amazon seine Kunden sperrt, wird zwar immer besser ausgestattet, aber auch immer besser gesichert.

Bei Tolino wird die Adobe ID beim Download aus der Cloud ebenfalls nicht so schnell verschwinden, da deren Soft-DRM für die zuliefernden Verlage als zu leicht entfernbar gilt. Um sich gerade bei den Themen Rezensionen und Transparenz gegen den größten Konkurrenten Amazon behaupten zu können, wird jedoch ein gemeinsamer E-Book-Shop aller Tolino-Partner auf lange Sicht unabdingbar sein.

Nur so ließe sich eine lokal und digital vernetzte Community aus Händlern und Kunden aufbauen, die den derzeit hauchdünnen Vorsprung vor Amazon als Marktführer ausbauen könnte.

Ab wann es zu dieser Vision kommt, ist natürlich schwer vorherzusagen, erste Entwicklungen in diese Richtung gibt es bereits. Doch erst wenn der Buchhandel sich flächendeckend und auch abseits der großen Filialisten auf ein gemeinsames Konzept geeinigt hat (Tolino als Basis ist derzeit die beste Chance), wird sich zeigen, ob der deutsche Buchhandel es als einziger großer Markt weltweit schafft, Amazon in die Schranken zu weisen.

Denn die Gunst des Käufers wird auch in Zukunft auf der Seite des günstigsten, größten und einfachsten Angebotes liegen.

Internetadresse

www.yotaphone.com

10. Der beste Zeitpunkt ist jetzt

Während ich dieses Buch geschrieben habe, hat sich der Markt kontinuierlich weiterentwickelt und verändert. Die neuen Tolinos wurden vorgestellt, PocketBook verlor mit der Buchhandlung Osiander und der Mayerschen Buchhandlung zwei wichtige Filialisten für den Vertrieb ihrer Reader an den Tolino-Verbund, und Amazon hat den Preis für den Kindle Paperwhite 3 zwischenzeitlich stark gesenkt und wieder erhöht. Anbieter von Flatrates verschwanden vom Markt oder müssen ihr Geschäftsmodell neu überdenken. Und mit LOG. OS (https://logos.vision/) entwickelt sich möglicherweise gerade ein ganz neuer Ansatz, um E-Books über den Buchhandel zu kaufen, zu bewerten und auch zu lesen.

Ich habe mich bemüht, die wichtigsten Entwicklungen zu berücksichtigen, und einige habe ich sogar versucht, vorherzusehen. Doch diese rasante Entwicklung zeigt eines ganz deutlich: Die beste Zeit, sich mit dem digitalen Lesen zu befassen, ist jetzt! Denn ob sich nun die Auswahl an E-Books und das Angebot an Geräten weiterhin so stark entwickelt wie in den letzten Jahren oder ob, wie es sich derzeit abzeichnet, momentan eher eine Rückbesinnung auf das gedruckte Buch und eine neue Wertschätzung dieses zeitlosen, handwerklichen Meisterwerkes stattfindet, eines ist sicher: Das digitale Buch wird unsere Lesegewohnheiten langfristig stark verändern und Einzug in unseren Alltag halten.

Ich hoffe, ich konnte Ihnen mit diesem Buch eine Entscheidungshilfe und Unterstützung anbieten.

Und egal, ob Sie sich als Nächstes einen Reader, ein Tablet oder ein schönes gedrucktes Buch kaufen: Kaufen Sie es beim Händler Ihres Vertrauens und haben Sie so wie ich Spaß mit dem schönsten und spannendsten Medium, das jemals erschaffen wurde. Lesen wir los!

T

U

W

X